中公新書 2739

舟久保 藍著

天誅組の変

幕末志士の挙兵から生野の変まで

中央公論新社刊

はじめに

文久《ぶんきゅう》三年（一八六三）、ふたつの武装蜂起《ほうき》が江戸幕府を震撼《しんかん》させた。ひとつは、孝明天皇《こうめいてんのう》の大和《やまと》行幸《ぎょうこう》の詔勅《しょうちょく》を受け、尊王攘夷《そんのうじょうい》派の急進的公家《くげ》や浪士たちが大和国（奈良県）の五條《じょう》代官所を占拠し討幕挙兵をした天誅組《てんちゅうぐみ》の変。もうひとつは、但馬国《たじまのくに》（兵庫県北部）の生《いく》野《の》代官所を占拠し挙兵した生野の変である。これらはともに尊王攘夷派志士たちの蜂起でありながら短期間で鎮圧されたことから、これまで幕末史の中では大きく取り上げられることがなかった。しかし、江戸幕府が諸藩を動員して鎮圧に当たり、その動員が畿内《きない》一円の藩に及んでいることからも、その衝撃の大きさが窺《うかが》える。そして、以降に討幕運動が加速していくという意味では、歴史のターニングポイントともいえよう。

本書では、天誅組蜂起の発端を前年の文久二年（一八六二）に討幕挙兵を計画し薩摩《さつま》藩士が鎮圧された伏見《ふしみ》挙兵と位置づける。そもそも、有志（志士）蜂起の端緒は、万延《まんえん》元年（一八六〇）に水戸《みと》藩士と薩摩藩士が計画した桜《さくら》田《だ》門外《もんがい》の変である。前藩主島津《しまづ》斉彬《なりあきら》の遺志を継ぐとする薩摩藩士有志の集まりである誠忠組《せいちゅうぐみ》は、水戸藩士らとともに大老井伊直弼《いいなおすけ》ら幕閣の襲撃を計画したが、現薩摩藩主島津茂久《もちひさ》の父で実質的に藩政を握っていた久光《ひさみつ》（斉彬の異母弟）によって抑えられ、決起することはできなかった。その後、誠忠組内の急進派を促し、久光の率兵《そっぺい》上京を好機と捉《とら》え討幕挙兵を計画したのが福岡《ふくおか》藩を脱藩した平野国臣《ひらのくにおみ》である。この伏見挙兵もまた久光による粛清（寺田屋《てらだや》事件）で未遂に終わった。

これに参加していた有志が約一年後に再び京都へ集結し、攘夷親征行幸の波に乗って天誅組を結成する。公家中山忠光《なかやまただみつ》、土佐《とさ》藩脱藩浪士、久留米《くるめ》藩真木和泉《まきいずみ》の門下生などである。五條代官所に討ち入り幕府領を制圧した彼らは、幕府領を朝廷直轄地とし「五條御政府《ごせいふ》」を発足させて旧幕府領を統治し、攘夷親征行幸を迎えるために親兵《しんぺい》（天皇護衛の兵）の募集を始める。しかし代官所制圧の翌日の八月十八日に朝廷で政変があり、薩摩藩、会津《あいづ》藩、皇族の中川宮《なかがわのみや》らによって攘夷親征の詔勅が覆《くつがえ》され行幸は中止に追い込まれた。わずか一日で決起の名分を失った天誅組は暴徒と見做《みな》され、朝廷からも否定される。幕府は畿内の諸藩を動員し、主力がわずか百名足らずの天誅組の追討に乗り出すのである。大和国吉野《よしの》郡の山中で幕府軍と戦うなか、彼らは意見を異にして分裂し徐々に追い詰められていく。

それを救援し攘夷親征の道を繫《つな》ぐために決起したのが生野の変である。天誅組救援を強く主張したのは平野国臣や在京の長州《ちょうしゅう》藩士らであり、伏見挙兵に参加していた薩摩藩士美玉《みたま》

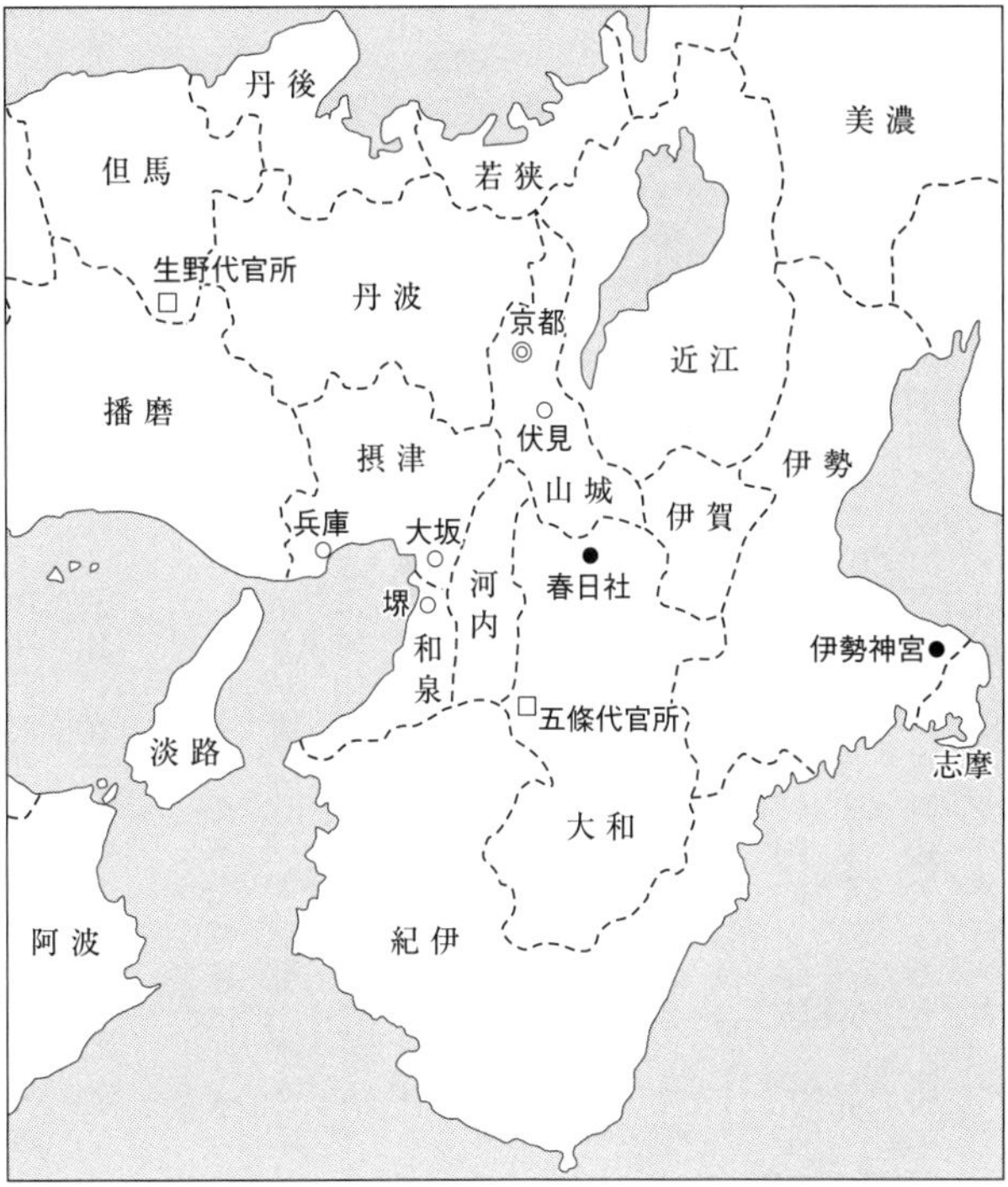
丹後
美濃
若狭
但馬
生野代官所
丹波
京都
近江
播磨
伏見
摂津
伊勢
山城
伊賀
兵庫
大坂
春日社
河内
堺
和泉
伊勢神宮
五條代官所
淡路
志摩
大和
阿波
紀伊

三平《さんぺい》や但馬の有志たちが集う。八月十八日の政変で長州藩へ西下していた公家沢宣嘉《さわのぶよし》を擁して生野で決起したが、すでに天誅組は壊滅しており内部分裂の末にわずか三日で破陣する。

天誅組はこれまで、大和国という地方の小さな蜂起にすぎない位置づけであり、先行研究文献でも決起後の行動の解明に重きが置かれ、吉野郡山中で壊滅したところで終わっているものが多い。生野の変となると天誅組以上に知られざる存在である。天誅組の変と生野の変は、一体と見るべきである。本書では、伏見挙兵からの流れの中に天誅組を位置づけることで、突発的な蜂起ではなく尊王攘夷思想と攘夷親征に沿ったものであることを明らかにしたいと考える。

そのキーパーソンとして平野国臣を置き、彼の王政復古思想と、伏見挙兵、天誅組の変、生野の変との関わりを示した。佐幕寄りの福岡藩内において勤王《きんのう》を唱える平野は孤立しており、自藩士よりも薩摩藩士や九州の有志たちと意気投合していく。平野はいち早く王政復古を志しており、その著書「回天管見策《かいてんかんけんさく》」は、国内を平定して王政を復古し攘夷戦を行い欧米と渡り合える国を造るという構想で、その具体策が細かに述べられている。その平野が目指したのは雄藩主導の討幕であり、本来は天誅組のような在野の有志集団の蜂起には反対であった。しかし平野は最終的に天誅組救援のため生野で有志たちと挙兵する道を選んだ。

彼らの蜂起が、組織の統一に欠け、また民衆を扇動しただけに過ぎないと批判することは容易である。しかし、江戸時代の封建制度下で、藩や身分の枠を超えた組織が作られた事例として注目すべきであろう。また、王政復古の大号令で成立した明治新政府より前に、幕府領を制圧して朝廷直轄地にし「新政府」構築の試みを行ったことも重要ではないか。新政府樹立と徳川《とくがわ》家の辞官納地、戊辰《ぼしん》戦争の先例と見做せる動きだからだ。

本書の構成としては、まず序章で、平野国臣の人物像と思想を探ると同時に薩摩藩の有志蜂起《ほうき》の動きを追う。第一章では、平野が薩摩藩誠忠組に与えた影響、伏見挙兵へ至る動きと寺田屋事件、さらに真木和泉が提唱する攘夷親征論を述べる。

第二章と第三章では天誅組の変を追うが、第二章は攘夷親征行幸の詔勅とそれに伴う決起、攘夷親征に反対する勢力による政変、追討軍の動きなどを見ていく。第三章で幕府軍との戦いの推移から壊滅までを追う。総じてここでは、決起に際し朝廷へ差し出した書簡、軍令、伊勢《いせ》（三重県東部）津《つ》藩への書簡などから決起の主旨と心情を明らかにするとともに、戦いの実態、藩の枠を超えた有志の組織の限界を検証する。

第四章では政変後の長州藩と生野の変を述べ、終章ではふたつの変の末路と、天誅組主将中山忠光と生野の変の総帥沢宣嘉のその後を追う。そして禁門《きんもん》の変、幕長《ばくちょう》戦争（長州征討）を経て長州藩と薩摩藩が同盟し王政復古へ向かう動きから、平野国臣の思想を検証する。

天誅組の変と生野の変は、時代を動かした起爆剤といっていいのではないか。歴史の表に出ることが少なかった両挙の知られざる一面に少しでも光を当てられたならば幸いである。

目次

伊豆	静岡
駿河	
遠江	
三河	愛知
尾張	
美濃	岐阜
飛騨	
信濃	長野
甲斐	山梨
越後	新潟
佐渡	
越中	富山
能登	石川
加賀	
越前	福井
若狭	

国名	現都府県名
陸奥	青森
	岩手
	宮城
	福島
出羽	秋田
	山形
安房	千葉
上総	
下総	
常陸	茨城
下野	栃木
上野	群馬
武蔵	埼玉
	東京
相模	神奈川

旧国名地図．国名は『延喜式』による．

筑前	福岡
筑後	
豊前	大分
豊後	
日向	宮崎
大隅	鹿児島
薩摩	
肥後	熊本
肥前	佐賀
壱岐	長崎
対馬	

阿波	徳島
土佐	高知
伊予	愛媛
讃岐	香川
備前	岡山
美作	
備中	
備後	広島
安芸	
周防	山口
長門	
石見	島根
出雲	
隠岐	
伯耆	鳥取
因幡	

近江	滋賀
山城	京都
丹後	
丹波	兵庫
但馬	
播磨	
淡路	
摂津	大阪
和泉	
河内	
大和	奈良
伊賀	三重
伊勢	
志摩	
紀伊	和歌山

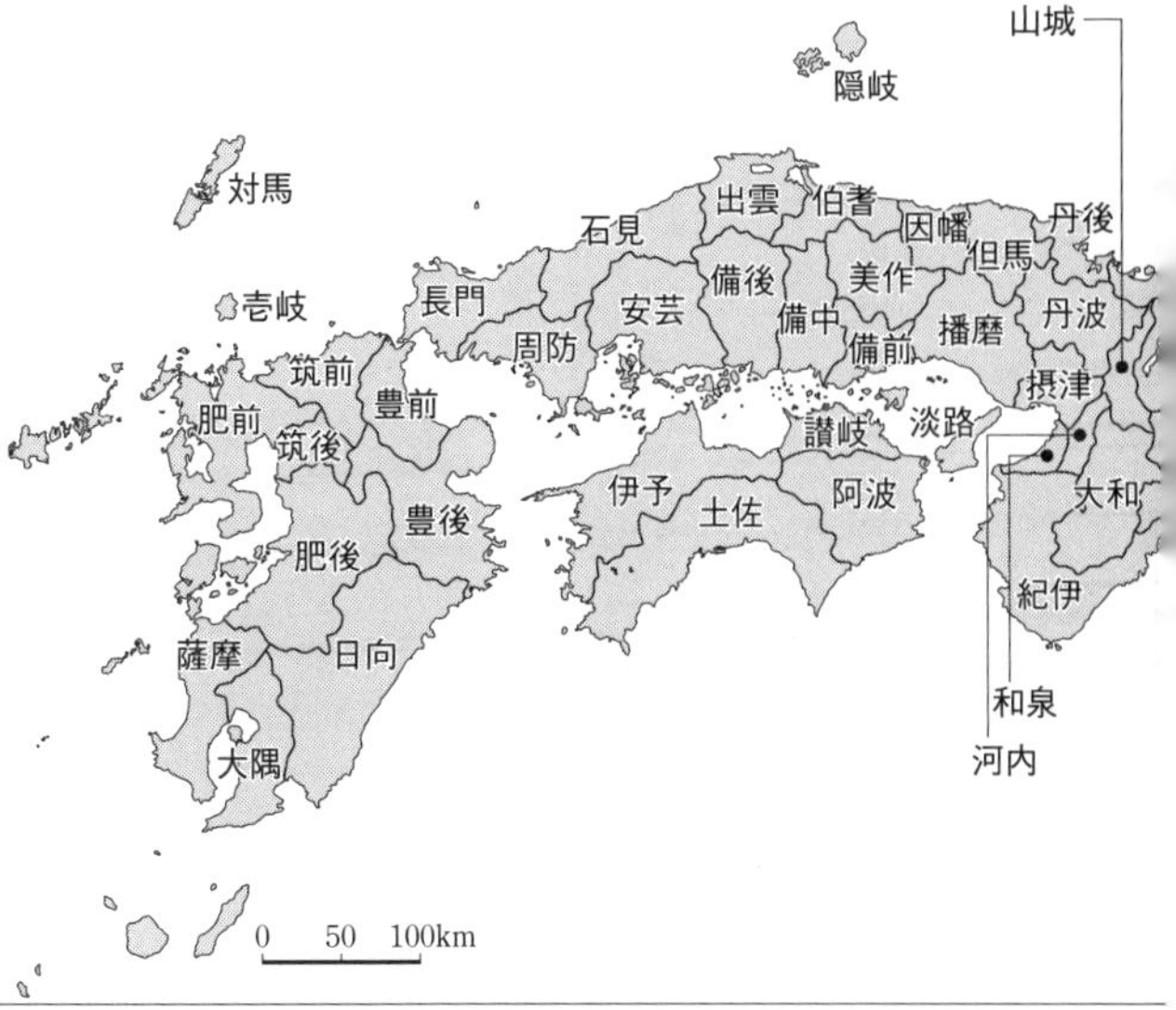

・人名の読みは原則として広く知られているもの、一般的なものを採用した。
・改元のあった年はその年の初めから新しい元号とした。
・史料などの引用は原則として読み下したり、旧仮名遣いを新仮名遣いに改めたり、適宜読みやすい表記に改めた。

天誅組の変

序　章　有志蜂起の端緒

薩摩藩士との親交

平野《ひらの》国臣《くにおみ》（通称、次郎）は、文政《ぶんせい》十一年（一八二八）、福岡《ふくおか》藩士平野能栄《よしのぶ》の次男として生まれた。平野家の祖は、香椎廟《かしいびょう》（現在の香椎宮《かしいぐう》。福岡市東区）の宮司三苫《みとま》氏とされる。能栄は藩の下級官吏であるが、「人となり極めて篤実寛厚にして、大人長者《たいじんちょうじゃ》の風あり」と評せられた人物で、神道夢想流《しんとうむそうりゅう》杖術《じょうじゅつ》などの武術に習熟し、その門弟は千人に及んだとされる（『平野国臣伝記及遺稿』）。平野は幼少期からこれらの武術のみならず、和歌や書、儒学、国学、雅楽などを身に付けた。

嘉永《かえい》四年（一八五一）に宗像大社沖津宮《むなかたたいしゃおきつみや》修繕役となり、大島《おおしま》（福岡県宗像市大島）へ駐在し、ここで薩摩《さつま》藩士北条右門《ほうじょううもん》の知己を得る。当時の薩摩藩は、次期藩主を巡って斉彬《なりあきら》擁立派と久光《ひさみつ》擁立派が激しく対立していた。斉彬は藩主島津斉興《しまづなりおき》の長男、久光はその庶弟で母親は側室お由羅《ゆら》である。斉彬の子供が次々と早世したことがお由羅の呪詛調伏《じゅそちょうぶく》であると考えた斉彬派は、お由羅暗殺、斉興の隠居、家老の暗殺等を企てた。しかし嘉永二年、斉彬派は斉興によって一網打尽にされ、切腹、遠島《えんとう》、免職、謹慎など、五十名以上が処分された。この薩摩藩のお家騒動を「高崎崩《たかさきくず》れ」または「お由羅騒動」という。これに関わり捕らえられていた北条右門は牢《ろう》を破って脱藩し、福岡藩主黒田斉溥《くろだなりひろ》の庇護《ひご》を求めた。福岡藩へ亡命した薩摩藩士は北条ら四名で、斉溥は快く匿《かくま》った。

大島で北条らと時事を論じ合う日々が、平野をして国事に目覚めさせた契機となり、他藩と比べて閉鎖的といわれる薩摩藩と親交を結ぶことになる。

平野国臣の尚古主義

嘉永六年（一八五三）春、普請方《ふしんかた》（土木工事などを掌《つかさど》った普請奉行の配下）の職務で江戸へ向かう途中、京都で質素な皇居を遥拝《ようはい》した平野国臣は、皇室の衰退に憤りを表している。若い頃から教えを受けた国学者富永漸斎《とみながぜんさい》の影響もあって、この時期から王政復古を考えるようになったようだ。その思想は尚古《しょうこ》主義へと発展していく。尚古とは古《いにしえ》の思想や制度を尚《たっと》ぶことで、平野は、従来の天皇親政こそが本来の国体《こくたい》（天皇と民が一体となった国柄）であると強く認識するようになった。

同年六月にアメリカ東インド艦隊が浦賀《うらが》へ来航し、国内は騒然となった。艦隊司令長官ペリーは、日本との通商、自国の捕鯨船の日本への寄港と食糧・薪水《しんすい》・石炭の供給、難破船の救助を要求するアメリカ大統領親書を渡すことが目的であった。艦隊の武力をもって要求を通す姿勢に警戒を抱いた平野は、専《もっぱ》ら有職故実《ゆうそくこじつ》・弓馬・軍学の研究に没頭した。

有職故実とは、公家や武家の諸行事や慣例を、時宜相応に取りまとめる学問である。時代とともに複雑かつ形骸化《けいがいか》した有職を、公家や武家の記録や『伊勢物語《いせものがたり》』『枕草子《まくらのそうし》』などの古典の旧儀先例から学ぶ有職故実学は、国学の興隆と相まって研究されていた。なかでも平野は、犬追物《いぬおうもの》を熱心に研究した。これは、流鏑馬《やぶさめ》・笠懸《かさがけ》と並ぶ「騎射三物《きしゃみつもの》」のひとつで、騎馬で走狗《そうく》を追物射《おいものい》にする武芸である。この復興を藩主黒田斉溥へ直訴したが謹慎処分を受けた。平野にとって、単に古の行事を復活させようという遊興的な動機ではなく、犬追物こそが、軍艦における砲熕照射《ほうこうしょうしゃ》や陸上における射撃などの近代兵器の訓練になると考えていた。

平野国臣（京都大学付属図書館蔵）

この時期の彼は、常に烏帽子《えぼし》・直垂《ひたたれ》を着用しており、世間の人から尋常ではないと見られていたようだ。その主張するところは、「古の武士や工商はみな、烏帽子を被《かぶ》り水干狩衣《すいかんかりぎぬ》や直垂上下《かみしも》を着用しており、今のように烏帽子を被らないどころか頭髪を剃《そ》るなど忠臣孝子の風ではない」というもので、その言葉通り頭髪を剃らず総髪《そうはつ》（髪を束ねずに後ろへなでつける）にて過ごした。

つまり平野にとって犬追物にしろ烏帽子・直垂にしろ、すべては「反本復始《はんぽんふくし》の実効《じっこう》（根本精神に立ち返り、絶えず新しく始めること)」であり「盛徳《せいとく》の大業を具備する(王政復古の大業に備える)」ものであった(「回天管見策」)。

安政《あんせい》四年(一八五七)、三十歳の時に名を「国の臣」の意味をもって国臣と改めている。

薩摩藩の挙兵計画の嚆矢《こうし》

薩摩藩では、先の高崎崩れがあったのち、嘉永四年(一八五一)に、老中阿部正弘《あべまさひろ》らの尽力によって藩主島津斉興を隠居させ藩主の座に就いた斉彬が、藩政改革に着手し、安政元年(一八五四)三月には江戸で徳川斉昭《とくがわなりあき》(水戸《みと》藩前藩主)・徳川慶勝《よしかつ》(尾張《おわり》藩主)・松平慶永《まつだいらよしなが》(越前福井《えちぜんふくい》藩主。春嶽《しゅんがく》の名で知られる)・伊達宗城《だてむねなり》(伊予宇和島《いようわじま》藩主)らと幕政や近海防備について話し合っている。安政三年にはアメリカからハリスが来日し、翌年十月に江戸城で将軍に謁見して、日米修好通商条約の交渉を開始するまでになっていた。幕府はハリスとの応接を諸大名に諮問《しもん》し、これを受けて斉彬は、安政五年正月、十六カ条からなる建言を幕府へ提出した。その主な内容は、朝廷の尊崇、将軍継嗣《けいし》の決定、キリスト教の禁止、アヘンの禁止、などである。

注目されるのは朝廷の尊崇を第一に持ってきている点で、島津斉彬の勤王《きんのう》思想が色濃く出ている。ふたつ目に将軍継嗣について触れているのは、幕府政治の安定、すなわち将軍が最も重要な地位であるとしたもので、斉彬は松平春嶽らとともに、徳川家定《いえさだ》（十三代将軍）の後嗣として一橋慶喜《ひとつばしよしのぶ》（徳川斉昭の七男。御三卿《ごさんきょう》の一橋家を相続）を推薦する運動を展開していた。斉彬、春嶽の手足となったのが、薩摩藩士西郷吉之助《さいごうきちのすけ》（のち隆盛《たかもり》と改名。以下、本書では隆盛と表記する）であり福井藩士橋本左内《はしもとさない》である。

一方で斉彬は諸外国への警戒も怠らず、その知識を取り入れるべきとする開国派であった。単に港を開いて通商を行うということではなく、諸外国と対等の立場を取り国としての尊厳と国体を保つことが不可欠であった。イギリスからのアヘン輸入で国内が腐敗したあげく領土の一部を事実上失い不平等な条約を結ばされた清国《しんこく》の例から、キリスト教とアヘンの禁止を述べている。そのために、上記建言で斉彬は、諸大名へ軍艦の建造、武事の整備、海岸防衛、財政再建を命じる内容を入れている。こうして将軍継嗣問題と日米修好通商条約締結は、ほぼ時を同じくして政治の最重要課題となっていく。

安政五年（一八五八）二月、日米修好通商条約締結の勅許《ちょっきょ》を孝明天皇《こうめいてんのう》から得るために老中堀田正睦《ほったまさよし》が上京したが、八十八人の公家の勅許反対運動が巻き起こった。これに押された孝明天皇は「条約は公家、諸大名へも諮《はか》って衆議するように」との返答をしている（『孝明天皇紀』第二）。

同年四月に大老に就任した井伊直弼《いいなおすけ》（彦根藩主）は、六月には将軍継嗣を紀州《きしゅう》藩の徳川慶福《よしとみ》（のち家茂《いえもち》と改名）と決定し、さらに朝廷を黙殺して条約に調印するという剛腕ぶりを発揮した。この事態に孝明天皇は「条約締結は外国に屈従し国威を喪失するもの」として激怒し、譲位の宸翰《しんかん》（天皇直筆の文書）を示すまでになった（『孝明天皇紀』第二）。

橋本左内とともに将軍継嗣問題に奔走していた西郷は、一橋慶喜擁立計画が頓挫《とんざ》したことによっていったん帰国し、斉彬へ報告した。その後、再び江戸へ向かった西郷は、その途上、福岡藩に寄り、藩主黒田斉溥に拝謁して斉彬の親書を渡すとともに、福岡に身を寄せていた北条右門らとも時事を話し合っている。斉溥と西郷の会談内容は明らかではないが、朝廷からの依頼があれば、出兵もあり得ると考えた斉彬が、有事の際に三千の兵を率いて上京し、朝廷を守護する意向であったとされる（芳即正『島津斉彬』）。

戊午の密勅から安政の大獄へ

江戸の情勢は西郷隆盛が江戸・薩摩間を往復している間にも進んでおり、安政五年（一八五八）六月二十四日、徳川斉昭・徳川慶篤《よしあつ》（水戸藩主。斉昭の長男）・徳川慶勝・松平春嶽・一橋慶喜らは、不時登城《ふじとじょう》（許可なく江戸城へ参上すること）し、井伊を面詰《めんきつ》した。しかし、不時登城を逆手にとられ徳川斉昭らに処罰が下される。七月六日には将軍家定の逝去があり、さらにその十日後には肝心の斉彬が病没した。

反井伊勢力の巨魁《きょかい》を失ったことで、井伊の専横に憤る勤王派の志士たちは、条約に反対した孝明天皇の意向を実現すべく水戸藩への勅 諚《ちょくじょう》降下を画策した。

天皇の意が密《ひそ》かに表された勅諚は八月八日に水戸藩に下され、二日後の八月十日に同様のものが幕府に下された。内容は、日米修好通商条約の調印は、叡慮《えいりょ》（天皇の考え）に反する軽率の取り計らいであると糾弾した上で、幕閣だけでなく、御三家御三卿家、譜代外様《ふだいとざま》すべてで群議し、国内の安定と外国の侮りを受けないよう幕政改革を行い徳川家を扶助するように、というものであった。これは安政五年の干支《かんし》を取って「戊午《ぼご》の密勅」と呼ばれる。

幕府を飛び越えて水戸藩に密勅が下されたことに警戒感を強めた幕府は、水戸藩に勅諚返納と諸藩への回状取りやめを強要し、水戸藩内でも取り扱いについて議論が紛糾した。

この勅諚は、尾張藩、福井藩、薩摩藩、福岡藩、長 州《ちょうしゅう》藩、土佐《とさ》藩などの十三藩にも、各藩に縁故のある公 卿《くぎょう》から密かに賜 勅《しちょく》の写《うつし》を伝えるように指示が出された（『孝明天皇紀』第三）。

ここで、西郷の福岡藩来訪を機に上京していた北条右門から平野国臣に、密勅が福岡藩へも下されると事前に知らされる。密勅が届く前に藩論を勤王へ統一すべきという意図であった。まずは自ら上京して情勢を知るべきと考えた平野は、藩に無断で上京し、京都で名の知れた勤王家の梅田雲浜《うめだうんぴん》（元若狭小浜《わかさおばま》藩士）・梁川星巌《やながわせいがん》（美濃《みの》出身の漢詩人）・小林良典《こばやしよしすけ》（公家の鷹司《たかつかさ》家の家臣）らと会合し意見交換を行った。約二カ月の滞在ののち帰国した直後、京都では密勅降下に関わった者や井伊の独裁を批判する者への弾圧が開始された。その巨魁と目されていた梅田雲浜らが捕らえられたのを皮切りに、対象は大名、水戸藩士、公家の家臣、浪人、幕閣など多方面に及び、ついには朝廷でも青蓮院《しょうれんいんのみや》宮尊融法親王《そんゆうほっしんのう》（のちの中川宮《なかがわのみや》、久邇《くにの》宮朝彦親王《みやあさひこしんのう》）、一条忠香《いちじょうただか》らが謹慎、近衛忠熙《このえただひろ》・鷹司輔煕《すけひろ》が辞官に追い込まれるなど未曽有《みぞう》の大弾圧となった（安政の大獄）。

西郷は、井伊直弼と間部詮勝《まなべあきかつ》（越前鯖江《さばえ》藩主。直弼に起用され老中となる）の専横に憤る水戸藩士・尾張藩士と連携して兵を挙げる計画をした。間部詮勝が着京して暴発するようなら、尾張藩士とともに間部と京都所司代酒井忠義《さかいただあき》（若狭小浜藩主）の兵を打ち破り彦根城を落とす算段で、同時に江戸での挙兵を促した（安政五年九月十七日付、日下部伊三次《くさかべいそうじ》・堀仲左衛門《ほりちゅうざえもん》宛て西郷書簡。『西郷隆盛全集』第一巻所収）。これらを見れば、突出して幕府に対し挙兵し挑む姿勢を見せていたのは、この時期では薩摩藩であり、西郷の意思は斉彬の計画に則《のっと》ったものであったといえよう。

月照を伴う薩摩入国

平野国臣は、西郷隆盛や北条右門らに、福岡藩を勤王に周旋《しゅうせん》するよう促されて帰国した

（山内修一『葛城彦一伝』）。福岡藩の藩論を勤王へ統一しなければ、密勅を奉受することなど到底できなかった。しかし藩内の勤王周旋は叶《かな》わなかったようだ。勤王を説くにはその素地もできておらず、その上、平野には脱藩の罪があった。福岡に長く滞在することはできず、情勢を見ながら肥後国《ひごのくに》から筑前国久留米《ちくぜんのくにくるめ》へ旅し、菊池武時《きくちたけとき》（鎌倉末期の武将で、挙兵した後《ご》醍醐天皇《だいごてんのう》のもとに参じた）の事績を調査し、高山彦九郎《たかやまひこくろう》（江戸中・後期の勤王家）の墓参をして石灯籠《いしどうろう》を寄進するなどをしている（「遊肥雑記《ゆうひざっき》」『平野国臣伝記及遺稿』所収）。

この間、京都清水寺成就院《きよみずでらじょうじゅいん》の僧月照《げっしょう》が、幕吏の追っ手から逃れて福岡まで来ていた。月照は、水戸藩への密勅降下に深く関与しており、安政の大獄で厳しい捜索が行われていた。月照の身を案じた近衛忠煕の依頼を受けた西郷が、月照を薩摩藩へ潜伏させるため同道していた。途中、長門国下関《ながとのくにしものせき》の富商白石正一郎《しらいししょういちろう》の屋敷に立ち寄り、福岡へ入っている。白石は鈴木重胤《すずきしげたね》に師事する国学者でもあり、憂国の念に厚く志士たちの活動に私財を投じてきた人物である。長州藩士は無論のこと、九州と上方《かみがた》を往来する者は必ずといってよいほど白石邸に立ち寄り支援を受けている。彼らの往来と手広い商売により、数々の情報が集まる場所でもあった。

西郷は、月照隠匿について藩を説得するため先に薩摩へ急行した。北条右門が月照の身を預かったが、安政五年（一八五八）十月十六日になって白石正一郎から、京都町奉行の捕吏が下関まで来て福岡へ向かったとの知らせがあり、一刻を争う事態に北条は、肥後遊歴から戻ってきたばかりの平野へ相談した。平野は快く引き受け月照を薩摩へ送るべく出発している。一行は苦心して国境を越え、約二十日がかりで鹿児島《かごしま》城下へ辿《たど》り着いたが、西郷はひとり先行して以後、いまだ月照の入国を藩に認めさせることができないままであった。そうした最中《さなか》の入国に、藩は一行を旅宿に監禁した。藩の懸念は、幕府を憚《はばか》ることはできないが、かといって藩内で京都町奉行の捕吏に捕縛されれば、縁戚《えんせき》関係にある近衛家への面目が立たないという点にあった。そこで月照一行を日向国《ひゅうがのくに》へ向かわせ、領内を去った時に捕吏へ事の次第を告げ、あとは成り行きに任せるという判断を下した。

平野は、幕府を恐れる薩摩藩政府を惰弱《だじゃく》だと吐き捨て、月照ひとりも潜伏させられないことに失望した（「蓋志録」『平野国臣伝記及遺稿』所収）。

十一月十六日、監禁されていた旅宿を出た一行は、薩摩を去るために舟で錦江湾《きんこうわん》に漕《こ》ぎ出した。乗船していたのは、西郷、月照、平野、月照の従僕、薩摩藩から付けられた役人の五名である。ここで西郷と月照はあらかじめ示し合わせていたのか、突如入水《じゅすい》自殺を図った。平野らは慌てて捜索し、ふたりを引き上げて蘇生《そせい》を試みたが、息を吹き返したのは西郷のみで月照は亡くなった。

平野は藩外退去を命じられた。その胸中には先ほどと同様、薩摩藩への失望が込み上げていたであろう。月照を西郷家の墓所に仮葬すると、肥後国へ出るために小川内《こがわうち》関所（鹿児島県伊佐市）へ向かった。ここで大久保一蔵《おおくぼいちぞう》（のち利通《としみち》と改名。以下、本書では利通と表記する）・有村俊斎《ありむらしゅんさい》（のち海江田信義《かいえだのぶよし》と改名）などの有志が平野を追ってきて引き留め、月照の顚《てん》末《まつ》などについて会談したのちに見送っている。熊本《くまもと》（熊本県熊本市）や秋月《あきづき》（福岡県朝倉市）などを転々としながら福岡へ戻った平野は、月照の遺品や文書類を携え、その最期を近衛家へ報告するため京都へ向かった。大弾圧の最中の京都では、近衛家に近づくことも容易ではなく、遺品を届けたのは安政六年（一八五九）正月になってからであった。

誠忠組の挙兵計画

薩摩藩が月照の処遇を持て余している頃、江戸に滞在していた薩摩藩士堀次郎（堀仲左衛門とも。のち伊地知貞馨《いじちさだか》と改名）が、松平春嶽が兵を率いて上京し、幕府の奸臣《かんしん》を排除し朝廷を守護する決心であると国元へ伝えてくる。しかし、江戸から島津斉興が帰国しており、藩の方針として出兵するなどできない状況であった。月照ひとり匿うにも幕府の意向を気にするほどである。西郷隆盛らは、有志のみで決起するほかはないと考えた（安政五年十二月十九日付、長岡監物《ながおかけんもつ》宛て西郷書簡。『西郷隆盛全集』第一巻）。同書簡には「此《こ》の機会を失い候《そうろう》ては、実に本朝は是《これ》限りと相考え居《お》り申し候」とあり、どの藩も孝明天皇の密勅に応《こた》えられる状況ではないと嘆き、井伊の専横と勤王派への弾圧に危機感を募らせていた。西郷が考える有志決起の目的は、まだ討幕の意識はなく、奸臣を討ち幕府の政治を改めさせるものであった。

この頃、大久保利通らが「誠忠組《せいちゅうぐみ》」を結成している。水戸藩激派が計画する井伊直弼襲撃に呼応して、亡き島津斉彬の遺志を継いで勤王に尽くすことを主意とするものである。結成された正確な年月は不明だが、安政五年（一八五八）十一月から年内と考えられている（佐々木克『幕末政治と薩摩藩』）。月照の顛末、間部の入京、福井藩上京などの情報を受けて結成されたものと見てよいだろう。誠忠組の面々である「薩藩同志者姓名録」記載の人名は、西郷、堀、大久保、有村、有馬新七《ありましんしち》、田中謙助《たなかけんすけ》など四十八名である（『大久保利通文書』第一）。

大久保は、誠忠組の意思を再三にわたって藩主島津茂久《もちひさ》に上書した。その意思とは「関東において水戸・仙台《せんだい》・長州・鳥取《とっとり》・土佐などの勤王諸藩による幕府の奸臣を成敗する義挙が迫っていること」「軍備・器械の用意、各藩周旋などを早急に行う必要があり、人材を登用すべきこと」「皇室再興の大志を立てること」「順聖院《じゅんしょういん》様（島津斉彬）の遺志を継ぐこと」であった。誠忠組にとって重要な点は、最後の二項目の、島津斉彬の遺志を継いで皇室を再興することにあった。

これらの意見が藩に認められるのは、翌安政六年（一八五九）十一月になってからになる。藩主茂久の名で、誠忠組へ宛て「万一事変が到来すれば、第一に順聖院様の御深意を貫き、国家を護《まも》り朝廷に尽くす心得である。有志の面々は、国家の柱石となり我らの未熟を支え国名を汚《けが》さず、忠誠を尽くすように」との諭書《さとししょ》が下された（『鹿児島県史料　忠義公史料』第一巻）。変事が起これば率兵上京し、朝廷へ忠勤を尽くすことが薩摩藩の行動であり斉彬の遺志であることが明確にされたが、同時に、誠忠組単独の先走りを抑える意味合いを持ち、以後、誠忠組の行動はこれに縛られることになる。

桜田門外の変

京都を去った平野国臣は一時期、備中《びっちゅう》に滞在していたが、そこへ有村雄助《ゆうすけ》（有村俊斎の弟）が訪ねてくる。雄助が平野にもたらした情報は、薩摩藩と水戸藩の有志による井伊直弼斬奸《ざんかん》計画であった。その後、下関の白石正一郎邸へ居を移した平野のもとへ万延《まんえん》元年（一八六〇）二月十七日、薩摩藩士田中謙助が訪れ、計画の詳細を知らせてきた。同月二十六日には、堀次郎が上京途中に白石邸にて平野に面会し、黒田斉溥への幕府の奸臣排除に伴う勤王の建白書を託した。建白書の内容は、黒田家も島津家と進退をともにしてこの事変に臨み尊《そん》王《のう》の大義を宣揚し国家の大局を支持することを請うものであった。堀は、鹿児島出発前に島津久光（藩主の後見役となり、国父《こくふ》と称される）に、藩主茂久が参府途中に福岡藩主黒田斉溥と会談して薩筑提携を図るよう建白をしていた。井伊斬奸の日程が参府と重なるため、万一変事到来の節には福岡まで引き返し、国元からの兵を待ち、黒田斉溥とともに出馬する計画であった。久光はこれを快諾している。久光にとっては、兄斉彬と親しい間柄であった黒田斉溥との関係を保つには格好の提案であったろう。平野は、大久保利通や北条右門らとともに藩内周旋に動いた。

斬奸計画は、薩摩藩誠忠組と水戸藩有志の間で着々と練られた。決行期日は三月二十日前後とし、斬奸の対象は、井伊直弼（大老）・松平頼胤《よりたね》（讃岐高松《さぬきたかまつ》藩主）・安藤信正《あんどうのぶまさ》（老中、陸奥《むつ》磐城平《いわきたいら》藩主）とされ、水戸藩から、薩摩藩は三千の人数を率いて京都守護のため上京してもらいたい、との要請があった（『大久保利通日記』上巻）。

大久保は、久光へ率兵上京を願った。しかし久光は、まだ何も起こっていないうちに名目もなく出兵することはできない、と動かなかった。誠忠組は斬奸計画にこれ以上関与できないまま、万延元年（一八六〇）三月三日、水戸浪士十七名が江戸城桜田門外《さくらだもんがい》で井伊直弼を襲撃した。誠忠組でこれに参加したのは、既に脱藩した有村次左衛門《じざえもん》（有村俊斎と雄助の弟）のみであった。井伊襲撃の知らせは、三月二十三日に薩摩藩庁へもたらされた。参勤途中であった藩主茂久は、堀の建白通り、知らせを聞いて薩摩へ引き返した。大久保らは、今こそ率兵し京都守護に就くべきであると主張したが、久光はこれもまた動かなかった。井伊襲撃に薩摩藩士が加わっていることから、月照の顚末と同様、幕府の嫌疑をかわすために自重したのである。

薩筑連携の瓦解

万延元年（一八六〇）二月に福岡へ帰った平野国臣は、気脈を通じていた黒田斉溥の側近吉永源八郎《よしながげんぱちろう》を訪ねて堀次郎の建白書を渡し、近々変事が起ることを知らせ、藩論を勤王へ統一し薩摩藩と連携すべきことを説いた。水戸・薩摩の有志が、江戸城桜田門外で井伊直弼を討ち取ったのは、それから間もない三月三日のことで、藩主への建白の直後に起こった井伊襲撃に、福岡藩は平野がこれに関係しているものと見做《みな》した上、脱藩の身でありながら建白に及んだことは不敬であるとして捕縛に乗り出した。さらに藩は井伊襲撃に関わったと幕府に疑われることを恐れ、薩摩藩のお家騒動以降、藩内で匿っていた北条右門ら四名を玄海島《げんかいじま》などの離島へ移して隔離状態にした。幕閣が浪人に襲撃されるなど前代未聞であり、藩主が幕府の処分を恐れたのは当然で、堀や平野が働きかけた薩筑提携は破綻《はたん》した。

福岡藩内では、桜田門外の変で勢いを得た月形洗蔵《つきがたせんぞう》らの筑前勤王党（福岡藩の尊王攘夷《じょうい》派）が、藩主へ参勤の中止を求める建白を行うなど、勤王活動が広がり始めていたが、勢力はわずかで藩是を変えるには程遠い状態であった。藩は、これらの火付け役は平野であるとしてますます警戒を強めるとともに、筑前勤王党を捕縛し謹慎処分や流刑に処した。井伊斬奸計画の過程で見るように、平野と誠忠組の繋《つな》がりは非常に深くなっている。先述のように、北条右門、西郷隆盛、大久保利通、有村俊斎といった藩士らとの親交と、命を賭《と》して月照の同行をして薩摩入りしたことが薩摩藩士の信頼を得ており、自藩の福岡より薩摩に近い位置にいたといえよう。

真木和泉の討幕論

平野国臣は藩の追跡を逃れて白石正一郎邸や熊本を転々とし、万延元年（一八六〇）九月初め頃、肥後勤王党の松村大成《まつむらたいせい》邸に潜伏した。肥後勤王党には、宮部鼎蔵《みやべていぞう》・轟《とどろき》武兵衛《ぶへえ》・河上彦斎《かわかみげんさい》・松村深蔵《しんぞう》（松村大成の長男）といった面々が揃《そろ》っており、松村大成はその重鎮であり九州の尊王攘夷派の代表格である。潜伏生活中、松村の勧めによって平野は久留米藩士の真木和泉《まきいずみ》を訪ねた。

真木は、文化《ぶんか》十年（一八一三）、久留米水天宮《すいてんぐう》の宮司真木旋臣《としおみ》の子として生まれた。名は保臣《やすおみ》という。文政六年（一八二三）に神職を継ぎ、和泉守に任じられたことから、一般的に真木和泉守または真木和泉と呼ばれる。崎門学《きもんがく》（山崎闇斎《やまざきあんさい》の学説を信奉する儒学と神道の流派）を学び、水戸で会沢正志斎《あいざわせいしさい》（水戸学の代表的思想家）に水戸学を学び、尊王攘夷を強く志した。弘化《こうか》三年（一八四六）の孝明天皇即位式の拝観を許されたことも、真木の尊王思想を確固たるものにした要因といえよう。嘉永五年（一八五二）、藩主有馬慶頼《ありまよしより》に藩政改革を建言したことが罪となり、水田天満宮《みずたてんまんぐう》宮司を務める弟の大鳥居理兵衛《おおとりいりへえ》のもとに謹慎させられていた。真木は大鳥居家の敷地に小さな家屋を建てて山梔窩《くちなしのや》と名付け、天保《てんぽう》学派を興して多数の門弟たちを指導した。平野同様、真木の思想も王政復古であり、幕府の存立は論外であると主張している。

真木の論文は多数あるが、その代表的なものとして安政五年（一八五八）に執筆した「大夢記《だいむき》」（『真木和泉守全集』中巻所収）が挙げられる。夢に出てきた天皇親政の詔勅《しょうちょく》を目が覚めてからそのまま記した、という形を取って持論を述べたものである。「朕《ちん》、東海に巡狩《じゅんしゅ》し以《もっ》てその罪を問わんと欲す。汝《なんじ》ら宜《よろ》しく汝の兵甲を率い、行《こう》に従うべし」との詔勅のもと、九州の諸藩や長州藩などに参集を命じ東征の途に就き、まず伊勢《いせ》神宮・熱田《あつた》神宮を拝し箱根《はこね》を行在所《あんざいしょ》（天皇の行幸《ぎょうこう》時の仮宮《かりみや》）となし、大老を呼び出して朝廷に背き国を売った罪を責める。これに先んじて江戸城・大坂城を押さえ、徳川家茂を甲斐《かい》・駿河《するが》に封じる。大老以下に死を賜り、天皇が江戸城へ行幸し、更始《こうし》の令（改革令）を布告する。王政復古が成った後は、功績によって官位を与える、奢侈《しゃし》を禁じて倹約を旨とする、税を下げて役を減ずる、学問を奨励し才を養う、国を富ませて兵力を強化する、神道を教え導く、都を畿内《きない》に定める、諸侯に領地を治めさせる、礼を興し楽《がく》を作る、これらを順次行っていくとする。更始とは、古いものを改めて新しく始める意味である。これが真木の掲げる討幕と王政復古、天皇親政の理想であった。

ふたつ目は、文久《ぶんきゅう》元年（一八六一）に書いた「義挙三策《ぎきょさんさく》」である。これは、上中下の三策に分け、上策は諸侯が兵を挙げる利と不利を述べている。討幕・王政復古の兵を挙げるには九千の兵は必要であり、それは諸侯でなければ動かすことのできない兵力であるとし、大藩が挙国一致して挙兵するのが上策だとする。下策は、義徒が事を挙げる得失を述べている。義徒とは浪人や下級武士たちで、彼らは勇があるといっても物資も武器もなく、誰《だれ》が見ても孤弱である。諸侯が集めるより五倍十倍の人数を集めなければならないが、優秀な人材ばかりが集まるわけではない、として、この場合は、比叡山《ひえいざん》・金剛山《こんごうさん》を足掛かりにして大坂城を落とし、天皇の行幸を奉り、詔書檄文《げきぶん》を奉じて水戸藩を手始めに諸侯を徐々に味方につける、とする。ただし「下策は危ういので用いるべからず」としており、この点でも、平野と真木は一致しており、事を為《な》すには義徒ではなく諸侯が立ち上がらなければならない、と考えていた。その立ち上がるべき諸侯として注目されていたのは、この時点では薩摩藩であった。

平野は真木を相当な人物と見て「当時天下の英才と存じ奉り候は、米藩《べいはん》真木和泉にて御座候」と評している（吉田玄蕃《よしだげんば》宛て書簡。『平野国臣伝記及遺稿』）。

二度目の薩摩入国

真木和泉との会談からしばらくして、福岡藩から追われる平野国臣の身を心配した薩摩藩士高橋新八《たかはししんぱち》・税所篤《さいしょあつし》が松村大成の屋敷に平野を訪ねてきて、薩摩入りを勧める。高橋、税所らの思惑は、情勢をよく知る平野を薩摩に招くことで、彼の身の安全を図り、藩政府に一石を投じたい思いであったようだ。それに従って平野は伊集院《いじゅういん》（鹿児島県日置市）まで来たが、大久保利通らは入国を止めた。この時期、薩摩藩では大久保らが藩政改革の周旋をしている最中であり、他藩人でしかも入薩の「前科」がある平野を招いたことが藩庁に発覚すれば、これまでの周旋が立ち消える恐れがある、と考えたのである。

薩摩藩では、文久元年（一八六一）正月二十八日付で、藩主茂久から家老たちへ次の諭書《さとししょ》が出された。「異変があっても動揺せず命令に従うこと、もしこれに違反すれば容赦なく処分する」との厳しい内容である（『鹿児島県史料　忠義公史料』第一巻）。誠忠組は、斉彬の遺志を継ぐ志と、国父久光・藩主茂久への忠誠の間で身動きが取れない状態が続いた。

有志の九州遊説

この頃から九州には徐々に勤王有志の来訪が増えてくる。その目的は薩摩藩の動向の偵察と平野国臣や真木和泉といった有名人物との会談であった。

文久元年（一八六一）正月、真木和泉のもとへ、公家中山《なかやま》家の家臣だった田中河内介《かわちのすけ》が訪ねてくる。河内介は、文化十二年（一八一五）、但馬国出石《たじまのくにいずし》郡香住《かすみ》村に、小森教信《こもりきょうしん》の次男として生まれた。幼名は賢次郎、名は綏猷《やすみち》という。京都の本草学者《ほんぞうがくしゃ》であり儒学者の山本亡羊《やまもとぼうよう》の影響を深く受けた河内介は、次第に皇室式微《しきび》（衰微）を憂えるようになったという。天保十四年（一八四三）、亡羊の推挙により中山家に召され、同家の家臣田中近江介綏長《おうみのすけやすなが》の婿養子となった（豊田小八郎『田中河内介伝』）。

中山忠能《ただやす》の信頼を受けて家政を取り仕切り、忠能の長男忠愛《ただなる》、弘化二年（一八四五）に誕生した五男忠光《ただみつ》を教育した。忠能の娘慶子《よしこ》が孝明天皇の典侍《てんじ》（高位の女官）となり、嘉永五年（一八五二）に皇子祐宮《さちのみや》が誕生すると、安政三年（一八五六）に祐宮が五歳で御所へ移られるまでの間、教育掛《がかり》を務めたとされる。この祐宮が、慶応《けいおう》三年（一八六七）正月に十六歳で践祚《せんそ》（皇位につく）した明治天皇《めいじてんのう》である。

当初、河内介は中山忠能や公家を動かして王政復古を図ろうとしていた。忠能は、ペリー来航の際には攘夷の立場を取り、老中堀田正睦が日米修好通商条約の勅許を得るために上京してきた際も、勅許に反対する公家のひとりとして公卿八十八人列参運動に加わっていた。しかしその後、議奏《ぎそう》（天皇の側近く仕えて上奏《じょうそう》、宣下《せんげ》に当たった）に就任すると公武合体の立場を取り、皇女和宮《かずのみや》を将軍徳川家茂へ降嫁《こうか》させることに尽力した。中山忠能の態度のみならず、河内介の公家への失望は相当なものがあったようで、「堂上方《どうじょう》にも、僕等が上に立ち、指揮すべき御人才少なく、慷慨《こうがい》の至り、忍び難く存じ候」とまで書いている（『田中河内介伝』）。

西郷隆盛、橋本左内、梅田雲浜などが、朝廷への繫がりを公家諸大夫《しょだいぶ》（親王家や摂関家などに家司《けいし》として仕える者）に求め、朝議を動かそうと活動している安政年間（一八五四～六〇）において、彼は諸藩の勤王家とも他家の諸大夫ともほとんど接点を持たず、公家に対しても、いささか傲慢《ごうまん》さを持って見ていた節がある。

文久元年（一八六一）正月に中山家を致仕《ちし》すると長男田中瑳磨介《さまのすけ》、甥の千葉郁太郎《ちばいくたろう》を伴って九州に向かい、小河一敏《おごうかずとし》（豊後岡《ぶんごおか》藩士）、松村大成、平野国臣などを歴訪した。河内介の策は、中山忠能の長男忠愛の密旨をもって九州の義徒を糾合し、青蓮院宮の令旨《りょうじ》（命令を伝える文書）を請い討幕挙兵を挙げることにあった。

この時、清河八郎《きよかわはちろう》も九州に来訪している。

清河八郎は、天保元年（一八三〇）、出羽国東田川郡《でわのくにひがしたがわ》清川村《きよかわ》で酒造業を営む斎藤治兵衛《さいとうじへえ》の子として生まれた。江戸で安積艮斎《あさかごんさい》に儒学を、千葉周作《ちばしゅうさく》に剣術を学んだ。江戸の観相家《かんそうか》(人相見《にんそうみ》を職業とする人)安積光穂の子五郎と肝胆《かんたん》相照らし、尊王攘夷派の同志を集めた虎尾《こび》の会を結成した。安積五郎・伊牟田《いむた》尚平《しょうへい》(薩摩藩士)・山岡《やまおか》鉄太郎《てつたろう》(幕臣。鉄舟《てっしゅう》の号で知られる)・松岡《まつおか》万《よろず》(同)など、様々な立場の者が集まっている。

文久元年(一八六二)十一月、上京して田中河内介を訪ねた清河は、河内介が中山忠愛から受け取った尊王攘夷志士を募る密旨を携えて九州へ下った。松村大成邸で平野に会い、河内介の挙兵計画を相談した。清河は平野の印象を「沈実胆智《ちんじつたんち》有りて、また得易《えやす》からざる者(考え深く実直で度胸と才知があり、得難い人物である)」と評している(『潜中紀事《せんちゅうきじ》』)。

「回天管見策」の執筆

改めて薩摩藩の奮起を促すべきと感じた平野国臣は、尊王攘夷と討幕の建白書を島津久光へ上奏する決意をした。熊本へ伸びてきた福岡藩吏の追跡を逃れて天草《あまくさ》に潜伏し、約半年をかけて建白書を書き上げて「回天管見策《かいてんかんけんさく》」と題した。管見とは狭い見識のことで、辞を低くして自分の意見を述べるという意味である。久光へ上奏する際には「尊攘英断録」と改めている。八千字弱に及ぶ長文で、その後の討幕運動へ影響を与えた平野の王政復古思想の真髄を見ることができる。かいつまんで説明すると次のようになる。

嘉永六年（一八五三）の夏、アメリカの黒船が初めて江戸湾へ来てから九年、先哲は頻繁に建言上策するがことごとく用いられずにいる。英断もできない讒諂面諛《ざんとうめんゆ》の徒（そしり疑い、媚《こ》びへつらう人々）が幕閣で幅をきかせ、内においては主君を愚かにし、外においては諫言《かんげん》を拒んで事実を覆い隠している。

欧米諸国は商売を専らにし利益を追求するのみである。奪い尽くさなければ飽くことがなく、狡猾貪狼《こうかつどんろう》さは彼らの性質である。今、我が国は外国と友好関係を図ろうとしているが、兵を敵に貸し食糧を盗人に与えるが如《ごと》き失策で、建国以来の未曽有の大恥辱である。

勅命を犯す者は必ず討つ。これは古からの掟《おきて》である。天下の政《まつりごと》は、名分を明らかにし認識を新たにすることである。今、気概のある藩主が勅命を請奉して朝廷を輔《たす》ければ、有

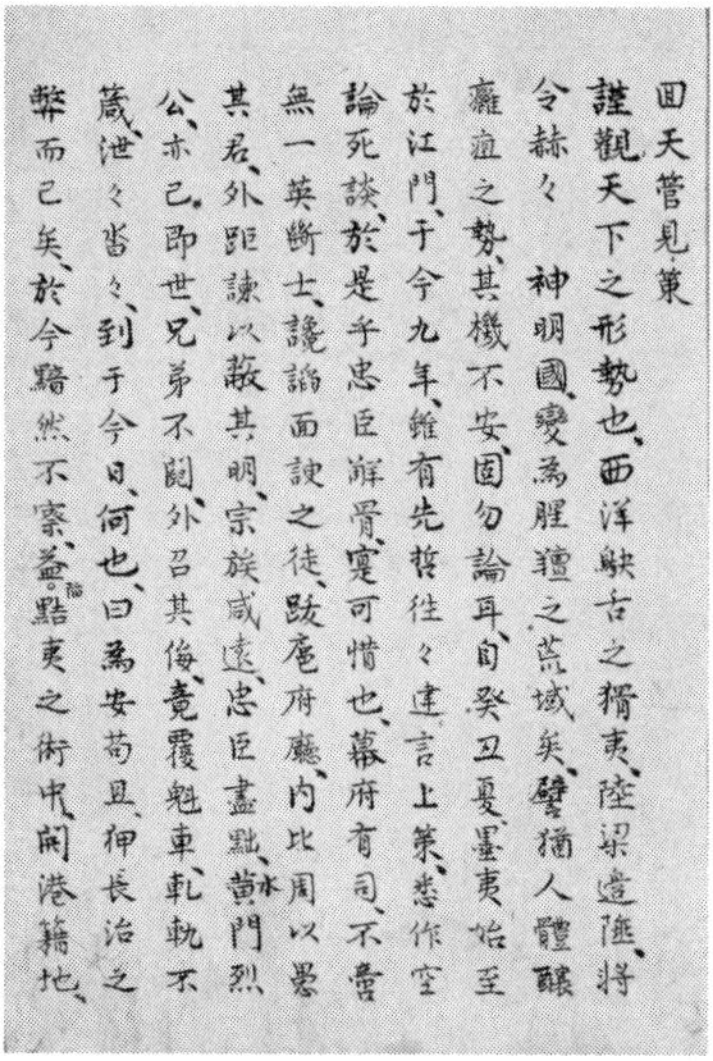
回天管見策
謹觀天下之形勢也、西洋缺古之猾夷、陸梁遣陲、将令赫々　神明國、變為腥羶之荒域矣、譬猶人體釀癰疽之勢、其機不安、固勿論耳、自癸丑夏、墨夷始至於江門、于今九年、雖有先哲往々建言上策、悉作空論死談、於是乎忠臣鮮骨、寔可惜也、幕府有司、不啻無一英斷士、讒諂面諛之徒、跋扈府廳、内比周以愚其君、外距諫以蔽其明、宗族戚遠、忠臣盡黜、黄門烈公亦已、即世、兄弟不鬩、外召其侮、竟覆魁車、軋轢不蔵、世々皆々、到于今日、何也、曰為安苟且、御長治之弊而已矣、於今黯然不察、蓋黠夷之術中、開港籍地、

平野国臣自筆の「回天管見策」（宮内庁書陵部蔵）の冒頭部分

志の藩主たちは声をかけずとも応じよう。今行うべきは、上には王室を尊び下には万民を利し、外には外国を払い内には国家を安んずることである。今、我が国で内乱が起これば、外国は必ず機を見てこれに乗ずるであろう、故に国内統一は攘夷の第一策である。そのためには覚悟を決め戦端を開かなければならない。雄藩が力を合わせて朝廷を促し、親兵《しんぺい》（天皇護衛の兵）を挙げて外国を打ち払う、青蓮院宮を幽閉から解き奉る、新潟《にいがた》開港を取りやめて攘夷の拠点となす、大坂・堺《さかい》・兵庫《ひょうご》の三港開港を防ぐことが重要である。

青蓮院宮を征夷大将軍《せいいたいしょうぐん》に仰ぎ、舟楫虎賁《しゅうしゅうこほん》（天子を守り輔佐《ほさ》する勇敢な家臣）の親兵をもって鳳輦《ほうれん》（天皇の乗り物）を奉じ、日本武尊《やまとたけるのみこと》の東征の佳祥に従って伊勢神宮に拝謁し、神軍として正々堂々と東海道を進めば、横目で見て譏《そし》る者たちはことごとく軍を迎えるであろう。行在所を箱根に置いて幕府を鎮め征すれば、兵刃を交えずして従えることができる。徳川家が征夷大将軍の職を辞し過ちを謝せば許し、勅命に背き兵を構えるなら征伐する。

国内を統一した後は、近海を守り沿岸に堤防を築き、全国をしてひとつの巨城となす。それぞれの藩主、藩士は、自分の国で生死存亡をかけて国家と宗廟《そうびょう》墳墓を守り千里にわたって会戦する。必ず各外国は連合し、何度も我が国の辺要を攻撃してくるであろう。戦争の間は安寧などなく、数十年は経過しなければ行方《ゆくえ》は定まらないであろう。長引く戦争の最中、機を見て仏教を我が国から排し寺院の跡地は堡塁《ほうるい》や営舎に転用し、人々に練兵を行い航海術等を教える。罪人を集めて蝦夷地《えぞち》および八丈島《はちじょうじま》などの無人島を開拓させる。軍艦を整え朝鮮半島に軍事拠点を置き、香港《ホンコン》辺りまで巡洋し海外事情を調査することも肝要である。

国で最も大切なことは、祭祀《さいし》と軍である。長計をもって旧式に基づき大いに祭祀を興し、万機、ことごとく千古に復すべきである。屯倉《みやけ》を諸国に設置し災害に備える、朝廷に米の売買の権を持たせる、貨幣を改鋳する、遷都する、学校を興し学風を国学へ改める、定期的に行幸をする、征夷大将軍に皇族を任ずる、弓場殿・騎射・相撲《すもう》などを古に復する。このように反本復始を実効し盛徳の大業を具備することこそが、万世不抜の天功となるであろう。

尊王攘夷思想とは

ここで幕末の代表的な思想である尊王攘夷について述べておきたい。平野国臣が「上には王室を尊び下には万民を利し」と書いているように、王室（皇室）を尊ぶことと万民を利することは同じである。孝明天皇の御製《ぎょせい》とされる、

朝な夕な民やすかれといのる身の　心にかかることくにのふね

（『丁卯雑拾録《ていぼうざつしゅうろく》』一）

にあるように、天皇は「民やすかれ」と祈り「異国《ことくに》の船」の来航に心を痛めていた。つまり尊王とは民の暮らしを守ることであり、天皇の願いに沿う道が尊王であり攘夷である。

平野は、朝廷を蔑《ないがし》ろにする幕府を討ち国内を統一することを第一とし、国内統一を攘夷の第一歩と位置づけている。その上で、侵略してくる欧米諸国と戦うべきとする。欧米の武力に脅され意のままになりつつある現状を憂え、なし崩し的に友好を図るのではなく反撃をし、対等の国の立場を固めた上で海外へ進出し、交易や友好を図るべきとする考えであった。そのために天皇親政のもとで国内を一致させ、その後、全土でもって攘夷戦に臨むべきといら。これが尊王攘夷思想の真髄である。

尊王攘夷というと、文久二年（一八六二）に起きた生麦《なまむぎ》事件に端を発する外国人襲撃事件のように、国を閉ざし欧米のすべてを排除する乱暴な思想と捉《とら》えられがちであるが、平野や真木和泉、あるいは吉田松陰《よしだしょういん》のように一定の識者は、欧米の植民地となった清国の例などから武力で侵略をする欧米の性質を警戒し、日本も相応の力をつけて対等になった上で国同士の付き合いをすべきという冷静なものであった。それにはまず国力を充実させる必要があった。

「回天管見策」の秀逸なところは、国内統一後の内政に関する提言をしているところである。尚古主義の平野らしいもので、ひとつひとつが的を射ていよう。赤心《せきしん》（真心）を吐露し尽くしたこの論は、その後、薩摩藩の国父島津久光へ上奏すべく大久保利通の手に委《ゆだ》ねられることになる。

薩摩藩への期待と献策

文久元年（一八六一）十二月になって天草から戻った平野国臣を中心に、松村大成の屋敷で討幕挙兵の会合が開かれた。出席者は清河八郎・安積五郎・伊牟田尚平・松村大成・松村深蔵・真木和泉の代理の門弟らである。いまだ薩摩藩の動きを見極めることができないままの話し合いであったが、白石廉作《れんさく》（白石正一郎の弟）からの書簡が届いたことで、決起が現実味を帯びてくる。その書簡とは、薩摩藩の御用商人である白石家が、藩から来春の参府準備のために米穀や船の準備を委託され、その費用として総額二万四千五百両が渡された、との内容であった。薩摩藩が大々的に兵を率いて東上することが明らかになったのである。これをもって討幕を推し進めるには、まず薩摩藩を討幕の核として勅命を仰ぐ必要があった。会合の焦点は、薩摩藩の藩論を勤王へ統一することと、青蓮院宮に征夷大将軍を奏請して挙兵し討幕の勅命を下させることに絞られ、その具体策が話し合われた。

平野は「回天管見策」と、田中河内介から渡された中山忠愛の密旨、真木和泉・清河八郎の島津久光への上書を携え、伊牟田尚平とともに薩摩へ入り大久保利通と会談をした。

久光は誠忠組を懐柔するため、大久保ら誠忠組の藩士を登用し側近の立場に置いていた。大久保は久光の言に従う姿勢を取りながらも、薩摩へ入国してきた平野に対して「明年の春に久光を奉じて上京し勤王に尽くす」ことを機密事項として打ち明けている。一方で、平野が持参した建白書の数々については、慎重に取り扱わなければならない、と言葉を濁したとされる（『平野国臣伝記及遺稿』）。

平野渾身《こんしん》の「回天管見策」が久光のもとへ届いたか明確ではない。久光は、藩士が浪人と結託し勝手な国事周旋をすることを嫌っていた。それは後日、藩内へ通達した諭書にも表れている。大久保が、藩外の者の上書を見せるとかえって問題を起こすと判断したであろうし、『有馬新七先生伝記及遺稿』でも、久光へ進達しなかったようだとしている。つまり、大久保としても久光の意に反してまで他国人や浪人と結託するつもりはなく、平野に対して薩摩一藩の行動であること、討幕の意図はなく、あくまでも京都守護であることを強調した。

大久保から思うような返答を得られない平野は、嘆息して次の歌を詠んでいる。

我胸《わがむね》の燃ゆる思《おもい》にくらぶれば　煙はうすし桜島山《さくらじまやま》

第一章　攘夷親征への道

島津久光の上洛計画

率兵上京計画を進めていた島津久光であるが、この時点で動き出したのには、皇女和宮の降嫁と、長州藩の動きが関係している。

条約勅許の問題等で悪化した朝廷との関係回復を図るため、幕府は公武融和を打ち出し、孝明天皇の妹和宮を将軍徳川家茂《いえもち》の夫人にと切望した。万延元年（一八六〇）四月、京都所司代酒井忠義《ただあき》と関白《かんぱく》九条尚忠《くじょうひさただ》の間で交渉が開始されたが、和宮は既に有栖川宮熾仁親王《ありすがわのみやたるひとしんのう》と婚約をしていることもあって、孝明天皇はこれを断っていた。最終的に、降嫁と引き換えに、幕府に条約破棄・重要政務の事前奏聞《そうもん》などを約束させて決着している。

長州藩は、積極的に開港・通商を行って国力を高めるべきとする「航海遠略策《こうかいえんりゃくさく》」を藩是として、藩主毛利敬親《もうりたかちか》が江戸で存在感を高めていた。

これらに対抗する意図もあってか、久光は自身の上京工作を進めた。そのひとつが江戸藩邸自焼である。江戸藩邸の焼失を理由に藩主茂久の参勤延期を幕府に認めさせ、幕府が取った藩邸再建費用の貸与に対する礼を、まず国父である久光が出府して述べることを願い出た。これが認められ、久光の江戸出府の名目は成立した。

ふたつ目は、久光が出府の途中で京都へ立ち寄る大義名分を作ることであった。大久保利通は上京し、久光へ京都守護の勅諚を頂くよう働きかけた。文久二年（一八六二）正月、近衛忠房《ただふさ》（近衛忠熙の子）に面会した大久保は「和宮様を無理に降嫁させたからには、幕府は今後どのような邪謀をするか図り難く、そのためには京都の守護を十分にすべきである」と説いた。具体的な建言の内容は、久光に率兵上京を許し京都守護の勅諚を下されたいこと、幕府へ勅使を下し一橋慶喜を将軍後見職《しょうぐんこうけんしょく》に任じ松平春嶽を大老に任ずること、関白九条尚忠を辞職させ青蓮院宮の幽閉を解き万機について談判されることで、薩摩藩は徳川家扶助・公武合体を実践していくと強調した（『孝明天皇紀』第三）。

近衛忠房は当初、この突然の建議に対して困惑の意を示していたが、直後の正月十五日に江戸城坂下門外で安藤信正が水戸浪士に襲撃された知らせに接すると、慌てて久光に上京を促した（朝廷へ報じられたのは正月二十七日）。安藤信正は、公武合体路線を取り皇女和宮の降嫁を推進した老中である。

三月に久光から、藩士が勝手に他藩士や浪人と国事周旋運動をすることを禁じる諭書《さとししょ》が出された。国事周旋は久光が判断して行うものであるから、これに違反する者は遠慮なく罪科を申し付ける、との厳しい内容であった（『鹿児島県史料　玉里島津家史料』一）。

平野国臣の薩摩入りによって、誠忠組の中で島津久光の方針に反対する急進派が動き出していた。その代表格が有馬新七である。文久元年（一八六一）十二月十七日、平野と伊牟田尚平は鹿児島を去ったが、途中で是枝柳右衛門《これえだりゅうえもん》・美玉三平《みたまさんぺい》が待ち受けており、ふたりを有馬新七・柴山愛次郎《しばやまあいじろう》・橋口壮介《はしぐちそうすけ》らと引き合わせた。橋口はこの会談について「大いに感有り」と述べている（『有馬新七先生伝記及遺稿』）。平野の討幕と王政復古策に一同は、一も二もなく賛同した。

誠忠組急進派にとって、平野の影響は多大なものであったことが窺《うかが》い知れる。平野は薩摩藩上層部には危険視されていたが、井伊直弼斬奸の時のように蜂起を志す藩士にとって欠かせない人物であり、九州の志士たちと繫がる糸口でもあった。

平野と伊牟田が松村大成の屋敷へ戻ると会合が開かれ、真木和泉も密かに幽居地から出てこれに加わった。薩摩藩の意図がいまひとつ明確でない今、島津久光が上京して発言をする前に兵を挙げ、久光へ勅命を下して薩摩藩を討幕へ向かわせなければならなかった。清河八郎と伊牟田が上京して青蓮院宮を通じて朝廷へ周旋をし、中山忠愛《ただなる》を奉じて薩摩へ下ることが決められた。

長州藩と土佐藩の動向

この頃になると長州藩や土佐藩の動きも活発になってくる。長州藩は、吉田松陰が安政の大獄で処刑されて以後も、その後を継ぐ中谷正亮《なかたにしょうすけ》・久坂玄瑞《くさかげんずい》ら松下村塾《しょうかそんじゅく》の塾生たちがいた。ただ、文久元年（一八六一）時点では、長井雅楽《ながいうた》の「航海遠略策」が長州の藩是として打ち出されており、幕府・朝廷への周旋も順調であった。これに反対し「破約攘夷」を掲げる久坂玄瑞らは長井の説に反対し、反幕姿勢を濃厚に打ち出していた。

土佐藩でも、下級武士・郷士《ごうし》・庄屋《しょうや》などの階級で勤王活動が活発化していた。藩主山内《やまうち》豊信《とよしげ》（容堂《ようどう》）は、将軍継嗣問題で一橋派として大老井伊直弼と対立し、謹慎処分を受け隠居していた。下級武士たちは、容堂の意思を継いで藩全体が一致して勤王に尽くす「挙藩勤王」を掲げ、文久元年八月に武市瑞山《たけちずいざん》（通称は半平太《はんぺいた》）を中心に土佐勤王党を結成した。参加者は一九二名に達している（『武市瑞山関係文書』一）。

容堂の隠居後は養嗣子の山内豊範《とよのり》が藩主に就いていたが、藩政は容堂に登用された参政（仕置役）の吉田東洋《よしだとうよう》が掌握しており、下級武士や郷士たちの土佐勤王党の活動は思うようにならなかった。薩摩藩の内情と同様、容堂も藩主豊範も勤王とはいえ幕府を否定するものではなく、あくまでも公武合体路線であり幕政改革要求に徹するものであった。各藩主は井伊直弼の政治方針に異を唱えはしたが、それは井伊との対立であり徳川将軍家と対立するものではなかったのである。

久坂らと連携を図っていた武市のもとへ、島津久光の率兵上京の情報がもたらされると、勤王党の中で挙兵に参加するか否かで意見が分かれた。吉田東洋が藩政を牛耳る限り土佐藩が勤王へ動く見込みはないと見切りをつけた吉村虎太郎《よしむらとらたろう》や坂本龍馬《さかもとりょうま》らは、脱藩して長州藩へ走った。

動かない藩政と薩摩藩の上京を比べて、武市自身は焦りもあったのだろう。勤王党のこれ以上の分裂を防ぐとともに藩是を勤王へ動かすため、吉田東洋の暗殺に踏み切った。実行したのは那須信吾《なすしんご》・安岡嘉助《やすおかかすけ》・大石団蔵《おおいしだんぞう》の三名で、いずれも暗殺直後に脱藩した。これにより土佐藩は、武市が懐柔した家老や藩主一門によって挙藩勤王へと動き出していく。

島津斉彬時代との乖離

島津久光上京の真意は薩摩藩の国事参画であり、その第一弾が幕府と朝廷の人事改革の建白であった。これについて平野国臣は口を極めて批判をしている。文久二年（一八六二）正月二日に柴山愛次郎と橋口壮介へ送った書簡で「薩摩藩が幕府を助け、一橋慶喜を将軍にし福井藩主松平春嶽を後見にして、人材を登用し外国を攘《はら》う方針を取ることは、昨年に大久保利通・堀次郎から聞いている。それは嘉永六、七年頃には通用したかもしれないが、既にその時ではない」と断じ、「徳川斉昭、松平春嶽、島津斉彬、山内容堂らが幕政に忠告尽力したにもかかわらず、かえって罪を得たではないか。当時、事を挙げていれば傾覆（情勢を覆《くつがえ》す）を取ったであろうが、今は江戸の旗本《はたもと》をはじめ諸国の士民に至るまで幕府を恨み侮っている。人心が離れた今となって幕府を助けるなどは役に立たない論というべきで、つまり、天下の大勢を知らない世間知らずの言うことである。朝廷の回復は御親征でなければ為し難い。鳳輦錦旗《ほうれんきんき》が動く時は、天下一統する時である」と強く主張した（『平野国臣伝記及遺稿』）。

斉彬がいかに英邁《えいまい》であったとしても今とは時勢が変わっている、と鋭く指摘し、今になって幕府を扶助するなど無駄であると、王政復古の断行を強い言葉で述べている。この論から分かるように、今回の率兵上京が純粋な勤王の発露ではなく、幕政改革と久光の中央進出にあると的確に把握していたのは、薩摩藩外では平野と真木あたりでしかなかったのではないか。平野から見れば、久光も有馬新七らの誠忠組も時勢に疎い世間知らずであった。しかし久光の意図がどこにあろうと、その力を討幕に向けることは可能と考えていた。この書簡は「培覆論《ばいふくろん》」と呼ばれて大いに流布した。「培覆」は覆して物事を発展させる意味である。

平野の「回天三策」

討幕を視野に各地から九州へ集まる人々の目的は、平野国臣・真木和泉を中心とする九州勢の結束にあった。彼らの勢力を大別すると、中山家元諸大夫の田中河内介ら、清河八郎と虎尾の会、長州藩吉田松陰の門下生、土佐勤王党の一部である。九州勢は、薩摩藩誠忠組の急進派、真木和泉と門下生、肥後勤王党がその代表格といえよう。彼らは、松村大成邸や下関の白石正一郎邸で会談を重ねた。平野が地元福岡で期待を寄せた筑前勤王党は文久元年（一八六一）五月に藩の弾圧を受け、以後二年の間は身動きができなかった。

文久二年二月十六日、真木はついに幽居地を脱出すると、橋口壮介らと打ち合わせた通り一時的な潜伏場所として薩摩へ入った。門下の酒井伝次郎《さかいでんじろう》・鶴田陶司《つるたとうじ》・荒巻羊三郎《あらまきようざぶろう》らも続いて脱藩している。しかし真木の入薩は、大久保利通ら島津久光の側近にとって迷惑であった。他藩士との国事周旋活動を禁じる久光の命に背くものであり、かつ真木が王政復古論者であることは周知されていた。平野の入薩すら苦い顔をした大久保である。真木のもとへ有馬新七らの誠忠組が密かに訪ねて上京の時期を話し合ったが、真木は鹿児島に抑留され、自由に動く許可が出たのは、久光が出発してから十四日後の三月三十日であった。

平野自身も上京の準備に入り、三月二十一日、小河《おごう》一敏らと下関の白石正一郎邸へ入った。その翌日、西郷隆盛が白石邸へ到着している。西郷は月照の死後、幕府の追及を晦《くら》ますため、藩命により名前を変えて奄美大島《あまみおおしま》に潜居していた。約三年を経て呼び戻され、久光の命を受けて九州の情勢調査に来たのであった。平野と西郷は月照の入水以来の邂逅《かいこう》になる。西郷はここで、久光の上京計画が志士たちの討幕決起に与えた影響を知る。既に決起寸前の状況に危機感を抱いた西郷は、久光の下関待機の命を無視して平野に同行して大坂へ向かった。続々と集結してきた志士たちは、一様に大坂薩摩藩邸へ入った。藩邸の長屋を提供したのは堀次郎で、彼らの暴発を抑えるための措置であった。

大坂薩摩藩邸へ入った平野は、四月八日に曇華院《どんげいん》(皇女が出家する門跡尼寺《もんぜきにじ》で竹御所《たけのごしょ》と呼ばれる)の家士吉田玄蕃を訪ね「回天三策《かいてんさんさく》」と題した建白書を出し、尊攘派の公家大原重徳《おおはらしげとみ》を通じての上奏を依頼した。「義徒は烏合《うごう》でわずか数百人に過ぎず、これでは志を遂げられないばかりかかえって後害となりかねない。一大諸侯を頼まなければ討幕・王政復古は成り難く、島津久光が上京する機を逃さず恢復《かいふく》の基を開きたく、叡断《えいだん》をもって上策を取り上げていただきたい」と願った。その上策とは、

一、島津久光に勅命を下し、すぐに大坂城・彦根城・二条城を攻め取る。
一、久光を将となし一軍を率いて上京し幕吏を追い払い、青蓮院宮の幽閉を解き参廷の上、天皇を大坂城へ遷《うつ》し奉る。
一、全国の諸藩に勅命を下し、天皇が兵を率いて箱根を行在所《あんざいしょ》とし、幕府に罪を問う。
一、幕府が謝罪すれば官職・爵禄《しゃくろく》を削り諸侯の列に加え、命に背く場合は征伐する。

（「回天三策」『平野国臣伝記及遺稿』所収）

この内容を見ると、決して今回の策を楽観していなかったことが窺える。かつての井伊直弼斬奸のように奸吏ひとりを討つというものではなく、勅命のもとで一気に王政復古へ持ち込むのである。久光が入京した上は、朝廷の聖断ひとつにかかっていた。「烏合の義徒が数百人程度では、討幕・王政復古どころか後害を招きかねない」との平野の意見は久光と一致している。だからこそ烏合を束ねる存在として久光が求められ、久光を動かすために勅命が必要であった。朝廷を動かすために、安政の大獄で蟄居《ちっきょ》させられていた青蓮院宮への期待が高まっていたのである。

久光の入京と建白

久光は文久二年（一八六二）四月六日に姫路《ひめじ》に到着した際、堀次郎や海江田信義から、西郷隆盛が上坂後に浪士たちと行動していると聞いて激怒し捕縛を命じた。西郷は平野国臣に同道するなかで決起側に立っていたと見られる（文久二年三月二十九日付、木藤市助《きとういちすけ》宛て大島三右衛門《さんえもん》〔西郷の変名〕書簡。『西郷隆盛全集』第一巻）。鹿児島へ送り返された西郷は徳之島《とくのしま》へ遠島処分となった。久光の方針は一貫して、文久二年三月の藩士への諭書「藩士が勝手に他藩士や浪人と国事周旋運動をすることを禁じる」に基づくもので、西郷への処置は命に反する藩士を取り締まる第一弾であった。

四月十六日に入京し近衛家に参殿した久光は、上京の趣意を述べ、以下の建白書を提出した。

一、青蓮院宮、近衛忠熙、鷹司政通《まさみち》・輔熙父子、一橋慶喜、徳川慶勝、松平春嶽らが安政の大獄で蒙《こうむ》った謹慎処分を解くこと。

一、謹慎を解いた上で、近衛忠熙を関白に、松平春嶽を大老に任命すること。

一、松平春嶽を大老就任後に上洛《じょうらく》させ、一橋慶喜を将軍後見職に命じ、外国の処置は天下の公論をもって永世不朽の制度を定めること。

一、これらを幕府に速やかに遵奉《じゅんぽう》させるため、二、三の大名家に内勅を下す。幕府に違勅があれば速やかに問責すること。

一、叡慮の趣などを浪人どもへ洩《も》らさないよう厳重に取り締まり、浪人の妄説を信用しないこと。

（『孝明天皇紀』第三）

その上で、尊王攘夷を主張する浪人どもが徒党を組み、容易ならない企てをしていることについて触れ、その取り締まりを建白した。朝廷から即日、当地に滞在し浪人たちを鎮静するようにとの内勅が下された（『孝明天皇紀』第三）。

伏見寺田屋の惨劇

島津久光入京の直前、江戸参府のために東上中の福岡藩主黒田斉溥《なりひろ》が久光の入京を諫止《かんし》しようとしている、との風聞が平野国臣に届いている。斉溥の横槍《よこやり》を恐れた平野は、行列が宿泊している播磨国大蔵谷《はりまのくにおおくらだに》（兵庫県明石市）の本陣へ身元を隠して乗り込み、福岡藩も薩摩とともに勤王に尽くすべきと建言した。「既に有志が大坂へ集まっており、久光の入京を諫止するなら斉溥が第二の桜田門になる恐れがある」とまで述べたという（『平野国臣伝記及遺稿』）。平野は薩筑提携をここで実現させたいと強く願った。

斉溥は参府を取りやめ帰国を決定したが、この一件で平野は身元が露見した。斉溥の命によって帰国させられた平野は捕縛され、福岡の獄に繋がれた。

平野がいないまま、大坂薩摩藩邸に集まった有志一同は、久光の入京に合わせた文久二年（一八六二）四月十八日を挙兵と決めた。しかし前日の十七日、堀次郎から「久光が内勅を受けて当面滞京することになった。今後の情勢は逐一知らせるので一同は安心して大坂に留《とど》まるよう」と言ってきたため挙兵はいったん見合わせられた。

真木和泉の着坂はかなり遅く、四月二十一日であった。十六日の久光への内勅、西郷の強制帰国、平野の捕縛などから、挙兵を急がなければならないと考えていた柴山愛次郎らは、真木が到着するとすぐに行動に移した。関白九条尚忠と京都所司代酒井忠義とを襲撃し、相国寺《しょうこくじ》に押し入って青蓮院宮を幽閉所から救い出し、参内《さんだい》に供奉《ぐぶ》し宮を奉じて事を挙げる計画である。一同は、非常の手段をもって奸賊を倒せば久光が必ずこれに同じるであろうと考え、これこそが久光への忠節になると信じていた（『王政復古義挙録』）。

平野が心配したように、義徒は烏合であった。挙兵前に清河八郎や安積五郎らが芸妓《げいこ》と舟遊びをし、安治川《あじがわ》の番所役人と揉《も》め事を起こして離脱した（『王政復古義挙録』）。その上、準備不足から二十一日の決行日は再度延期され、連携して挙兵する手筈《てはず》であった京都長州藩邸との連絡に時間がかかり、ようやく二十三日の夜と決定した。

当日朝、一同は三々五々薩摩藩邸を出て淀川《よどがわ》を船でのぼり、田中河内介が用意していた京都伏見の旅宿寺田屋《てらだや》へ入った。夕方には有馬新七・橋口壮介らの薩摩藩士と、真木和泉ら久留米藩士たちや河内介らが揃った。

この動きはすぐに島津久光の知るところとなっている。海江田信義（有村俊斎）らの報告に対し、久光は鎮撫使《ちんぶし》八名を選抜すると、彼らに自分の趣旨を伝えて首謀者を連行してくるように、命を聞かない場合は「臨機の処置」を取るように命じた（『有馬新七先生伝記及遺稿』）。臨機の処置とは上意打ち、すなわち主君の命によって討つことである。

奈良原《ならはら》繁《しげる》ら鎮撫使は寺田屋へ入って有馬・田中・橋口・柴山の四名を呼び出し、上意を伝えた上で切腹を勧めた。有馬らは頑として聞かず争戦となり、挙兵側の薩摩藩士はことごとく斬《き》られた（『大久保利通日記』上巻）。この緊迫した状況について、真木和泉の「文久壬《じん》戌《じゅつ》日記」には「夕方に寺田屋へ入り酒杯と詩歌を交わし、夜になって決行するべく立ち上がったところ、表の広間が騒がしくなり怒号が響いてきた」とある。真木は、幕吏が踏み込んできたと思ったという。ついで、白刃で討ち合う物音がして火花が見え、薩摩人同士が戦っていることを知った（『真木和泉守全集』上巻）。斬り合いは、ごく短時間の出来事であったようだ。有馬らを斬り伏せた奈良原は、捨て身で真木や河内介らの説得に当たり挙兵を思い留まらせた。

浪人たちの処分

島津久光の命により、一同は京都薩摩藩邸へ連行収容された。田中河内介らは、大久保利通に対し、非情の措置を取った久光を激しく非難した。大久保の日記には、文久二年（一八六二）四月二十四日、二十五日の両日にわたって田中河内介、秋月藩士海賀宮門《かいがみやと》らと議論したことが記される。挙兵を妄動と決めつける大久保に対し、河内介らは、「この挙兵は久光を助けるものであり有馬らはむしろ忠臣である。公家が情勢を理解していないのは君も知っている通りで、だからこそ英邁な青蓮院宮を朝議に参画させ叡慮を得なければならない」と強く主張した。大久保は二十五日の日記に「詳細曲折弁論に及び候処《ところ》、大抵安心の模様なり」と記して河内介らが得心した様子だとしているが、両者の主張の違いは明らかであった。

この時、堀次郎から公家の岩倉具視《いわくらともみ》に宛てて「王命に背く者は乱賊であると内命を下されたい」と願い出ている（『孝明天皇紀』第三）。自藩士を処分したと同様、久光は内命があり次第、浪士の処分をするつもりであったことが分かる。結局、浪士を勝手に処分することはできず、身柄はおのおの藩邸へ照会され引き渡された。土佐藩を脱藩してこれに参加していた吉村虎太郎は、強制帰国後に投獄されている。

田中河内介について中山家は、河内介が既に同家を辞しており、かつ関白九条尚忠襲撃の首謀者のひとりであることから身柄の引き取りを拒んだ。そのため河内介父子、千葉郁太郎らは、薩摩藩へ送られることになった。海賀宮門は脱藩の身であるため、河内介らと薩摩藩へ同行することを希望した。五月一日、河内介らを乗せた船が大坂を出発し播磨国垂水《たるみ》沖に差し掛かった辺りで、藩士は河内介父子らを殺害し遺体を海へ遺棄した。別の船で護送されていた海賀宮門ら三名は、日向国細島《ほそしま》（宮崎県日向市）で殺害された。薩摩藩士を軽挙妄動に導いた張本人として田中河内介を危険視し、証拠が残らない徹底した抹殺が図られたのである。

『王政復古義挙録』によれば、彼らの殺害について薩摩藩は長く秘して一切口外しなかったという。河内介は孝明天皇の嫡子祐宮の教育掛として朝廷から信頼を得ていた人物であり、その殺害が憚られるものであったことはいうまでもない。西郷隆盛は流刑先の徳之島でこの顚末を聞き「田中河内介は中山家の諸大夫で、京都において有名な人である。朝廷の人を殺したからには、薩摩は勤王の二字を唱えることはできないであろう。このことを朝廷より訊《たず》ねられれば、どのように返答するつもりか」と厳しく非難した（木場伝内《こばでんない》宛て西郷隆盛書簡。『西郷隆盛全集』第一巻）。

一方、真木和泉ら久留米藩士は大坂薩摩藩邸へ身柄を移されたのち、久留米藩へ引き渡された。強制帰国後、真木は以前と同様幽囚の身となっている。

幕政改革と攘夷の政争

寺田屋での上意討ちの翌日、勅使野宮定功《ののみやさだいさ》が京都薩摩藩邸へ下向し島津久光に対して浪士鎮撫の功を労《ねぎら》っている。文久二年（一八六二）四月三十日、九条尚忠が関白を辞職し、幕府は徳川慶勝や一橋慶喜らの処分を解くとともに、譴責中にある公家や親王などは叡慮に従うべきこととした。鷹司政通、近衛忠煕、青蓮院宮などは蟄居を解かれ、参朝が許されることになった。

朝廷は久光の建言通り、幕政改革を要求するために大原重徳を勅使として派遣し、久光にその随行を命じた。幕府への要求とは、将軍徳川家茂を早期に上洛させ朝廷とともに皇国一和のもと外国の患難を払うこと、沿海五カ国の藩主を五大老として国政に参画させ沿岸防衛の措置を取ること、一橋慶喜を将軍後見職に、松平春嶽を大老に就任させること、の三事であった（『孝明天皇紀』第三）。

一方、幕府でも独自の改革に着手しており、六月一日には将軍家茂が上洛することを公表し、将軍後見職に一橋慶喜を、政事総裁職《せいじそうさいしょく》に松平春嶽を、京都守護職《きょうとしゅごしょく》に松平容保《まつだいらかたもり》（会津《あいづ》藩主）を就任させた。京都守護職は、京都所司代・京都町奉行の上位に置かれ、緊急時には大坂城代、畿内諸藩への命令権をも有する京都守護の要《かなめ》である。会津藩士のみならず、のちに新選組《しんせんぐみ》や見廻組《みまわりぐみ》を支配下に入れて浪人の取り締まりを強化していくことになる。

幕府が朝廷の要求を容《い》れたことで、懸案は「攘夷」へ絞られてくる。孝明天皇は、安政四年（一八五七）に結ばれた日米約定《やくじょう》（下田《しもだ》条約）をも破棄したい「破約攘夷」の意向で、五月には「幕府が十年以内に攘夷の兵を起こさないのであれば、自分が断然として神武天皇《じんむてんのう》・神功皇后《じんぐうこうごう》に倣い公卿百官を率いて親征する」と決意を述べている（『孝明天皇紀』第三）。孝明天皇が「親征（親《みずか》ら征《い》く）」と口にしたことで、攘夷は一気に加速していく。

文久二年（一八六二）七月に長州藩主毛利敬親が入京しており、長州藩の藩是は、積極的に開港・通商を行って国力を高めるべきとする「航海遠略策」から、久坂玄瑞などが主張する叡慮に沿った「破約攘夷」へと急転換をしている。
薩摩藩と長州藩は「攘夷」の点では一致しているものの、両者の違いは、薩摩藩が公武一和で挙国一致体制を固めてから、攘夷へ向けた武備充実を着実に行う方針であるのに対し、長州藩は奉勅による「即今攘夷」のもとで挙国一致体制を確立することであった（佐々木克『幕末政治と薩摩藩』）。

彼らの主張する攘夷は、序章でも述べたように、アメリカの砲艦外交に屈して否応《いやおう》なしに開国する羽目になった屈辱と幕府への憤りであり、主体的な外交の構築が必要不可欠とするものである。日本は、古くは推古天皇《すいこてんのう》の時代に隋《ずい》と国交を結び大陸文化を取り入れてきた歴史を見ても分かる通り、開国であった。徳川幕府が、欧米のキリスト教普及による影響などを警戒し一部の国を除いて鎖国体制を取っただけであり、本来は対等な立場で国交を樹立することが国是であるという考えである。

欧米と武力の隔たりがあるなかでの「破約攘夷」「即今攘夷」は無謀に思われたが、松平春嶽は、長州藩の攘夷論を一概に暴論と判断すべきではないとの意見で「国体の汚辱というべき状況にあたって武力を用いる覚悟をすべきで、もし朝廷に開国を建言する場合、幕府は政権を返上する覚悟で人心を鼓舞《こぶ》すべき」と一橋慶喜に主張している。山内容堂も春嶽との会談で「元来、攘夷なるものは征夷府当然の職掌」だと述べている（『維新史』第三巻）。このように、朝廷の意向に反して開国し日米約定を履行していくなど考えられない状況であり、征夷大将軍の職務は本来攘夷だという認識であった。

十月、幕府に攘夷決行を促す勅使が派遣された。永井尚志《ながいなおむね》ら京都町奉行は、幕府が攘夷の勅旨を請けることを躊躇《ためら》えば徳川幕府滅亡の端緒となるかもしれない、との見方を示している。これと同時期に、薩摩、長州、土佐などの十四藩に内勅があった。「攘夷を決定し速やかに諸大名へ布告の上、策略と攘夷期限を衆議し奏聞することを幕府へ命じたので、おのおののそのように心得、叡念徹底、報国尽忠に勤めるべきこと」とあり、各藩の国事周旋を促す内容であった(『孝明天皇紀』第四)。

安政五年(一八五八)の「戊午《ぼご》の密勅」時の騒動と比べて、情勢の変化が如実に表れている。安政五年時には水戸藩といえども幕府を慮《おもんぱか》り藩論が二分し内乱になったが、今回の内勅は幕府の横槍もなく、諸大名は上洛を検討し始めた。しかも「戊午の密勅」が改めて水戸藩及び一万石以上の諸藩へ布告された。「かつて井伊直弼が不都合の取り計らいをしたため、改めて水戸藩主徳川慶篤へ下す」と記された開示の布告は、孝明天皇の意思が安政五年と変わっていないことを示している(『孝明天皇紀』第四)。

これら諸大名の動きには、久光の率兵上京が与えた影響の大きさが窺えるが、当の久光は、幕政改革によって政治の主導権を握る思惑と掛け離れた情勢に、これ以上は京都に留まるのは無用と判断して国元へ帰っていた。

草莽に開かれた言論

勅使三条実美《さんじょうさねとみ》から攘夷督促の勅書と親兵設置の沙汰書《さたしょ》（天皇の指示・命令を託した文書）を受けた家茂は、翌年春の上洛を決定した。これにより、国事周旋の内旨《ないし》（朝廷からの内々の沙汰）を受けた十四藩を筆頭に、各藩主は次々と上洛してきた。

攘夷実行の具体策を検討するため、朝廷は文久二年（一八六二）十二月、国事御用掛《ごようがかり》の官職を新設している。「所論ある者は、御用掛を通じて上奏できる」とするもので、新設当初、一条忠香、二条斉敬《にじょうなりゆき》、三条実美、青蓮院宮、鷹司輔熙、徳大寺公純《とくだいじきんいと》、近衛忠房など二十九名が就任している（『維新史』第三巻）。

翌文久三年（一八六三）二月には、国事参政、国事寄人《よりうど》の職が新設され、参政には橋本実麗《はしもとさねあきら》、豊岡随資《とよおかよりしげ》、東久世通禧《ひがしくぜみちとみ》、姉小路公知《あねがこうじきんとも》の四人が、御用掛には三条西季知《さんじょうにしすえとも》、庭田重胤《にわたしげたね》、徳大寺実則《とくだいじさねつね》、六条有容《ろくじょうありおさ》、柳原光愛《やなぎわらみつなる》、河鰭公述《かわばたきんあきら》、橋本実梁《さねやな》、万里小路博房《までのこうじひろふさ》、勘解由小路資生《かでのこうじすけより》の九人が、寄人には正親町実徳《おおぎまちさねあつ》、滋野井実在《しげのいさねあり》、東園基敬《ひがしそのもとゆき》、正親町公董《きんただ》、壬生基修《みぶもとなが》、中山忠光、四条隆謌《しじょうたかうた》、錦小路頼徳《にしきこうじよりとみ》、沢宣嘉《さわのぶよし》が就任した。尊王攘夷派で、かつ五十歳前後の人物が多いなか、十九歳の中山忠光が最年少で名を連ねているのが注目されよう。

本来、朝政に与《あずか》るのは関白・議奏・伝奏《てんそう》の三職であり、それ以外の公家が参画するなどは許されなかった。これらの新職の設置と言論洞開《どうかい》（言論の開放）により、三職以外の公家が政治向きのことに参画することができ、さらに草莽《そうもう》（在野の人）や身分の低い者であっても御用掛を通じた建言が可能になったのである。諸藩は藩士を学習院に詰めさせ、国事建言や情勢の把握に努めるようになり、本来は公家の教育機関である学習院は尊王攘夷政治の渦中となった。

なかでも長州藩と土佐藩の有志たちによる運動は、勢いを増した。長州藩は久坂玄瑞などの松陰門下を中心に破約攘夷を唱えており、土佐藩は、武市瑞山が率いる土佐勤王党が藩主山内豊範のもとで発言力を増していた。

率兵上洛を果たし、幕政改革の先鞭《せんべん》をつけた島津久光は、攘夷派の勢力が高まる京都から距離を取った。青蓮院宮や近衛忠煕から再三上京を促されても動かず、幕閣と協議して従来の公武一和を進めることで一致している。しかし朝廷を取り巻く時勢は、幕政改革を前提とした公武一和から、朝廷が幕府へ攘夷などの国政を指示する、いわゆる尊王攘夷へと一気に転換したのである。

大政委任を巡る動き

将軍徳川家茂の上洛は、三代将軍家光《いえみつ》以来の約二百三十年ぶりとなる。将軍上洛を前に、一橋慶喜は先に上洛して念入りに下準備を行った。そのひとつが近衛忠熙との会談である。懸案は、政令が幕府と朝廷の双方から出ていることであり、慶喜は「今まで通り幕府へ政治を任せる大政委任か、幕府が朝廷へ政権を返上する大政奉還かの二者択一しかない」と告げている（『孝明天皇紀』第四）。その後、将軍の名代として参内すると、これまでの幕府政治について「将軍が幼年のため大老井伊直弼に任せてしまった結果、失政を重ねた」と孝明天皇に謝意を述べ、従来通り政権委任されるよう願った（『孝明天皇紀』第四）。これに対して孝明天皇は、幕府に政治を任せる勅諚を下した。

慶喜の下準備のもと参内した家茂は、和宮降嫁と大政委任の礼を述べるとともに、攘夷実行の決意を披露した。大政委任とはいえ、家茂の請書は「叡慮の趣も御腹蔵無く相伺い度《たく》候」とある。国政を執るにあたり朝廷の意向を伺った上で決めていきたい、と配慮を示した内容で、孝明天皇は幕府へ一層の信頼を寄せた（『孝明天皇紀』第四）。

ここで、大政委任に反対する三条実美を筆頭とする尊王攘夷派は、大政を完全に幕府へ委任するのではなく「国事の儀に付いては事柄に寄り、直に諸藩へ御沙汰あらせらるべき」と付け加える工作に成功している（『孝明天皇紀』第四）。事柄によっては朝廷から諸藩へ命を下すという一条を付けたことで大政委任は有名無実化し、朝廷が政治の主導権を握ることになった。

新職を設置し大政委任を覆した尊王攘夷派は、攘夷実行を迫る行事と諮問で幕府に圧力をかけていく。文久三年(一八六三)三月十一日、長州藩の建議によって攘夷成功を祈願する賀茂社《かもしゃ》行幸が行われ、家茂以下諸大名が供奉した。四月十一日には、石清水《いわしみず》八幡宮で攘夷祈願をする石清水社行幸が行われた。

身動きが取れなくなった幕府は、四月二十日、攘夷実行の期限を五月十日にする旨を上奏し、諸藩に対して「夷狄掃攘《いてきそうじょう》」を通達した。ただし「こちらから仕掛けるのではなく、向こうが襲来してくればこれを攘《はら》う」との文言が付けられた(『孝明天皇紀』第四)。

表面上は問題解決となり、攘夷の準備や、薩摩藩が起こした生麦事件で発生したイギリス人への賠償などの問題が山積する幕府は、家茂の東帰を上奏した。朝廷では「将軍が江戸へ戻ると天下を二分しかねない」との懸念があったが、ここで三条実美らは、むしろ将軍東帰は「王政に復す機会」であると捉えた(『続再夢紀事』第二)。

五月十日の攘夷決行期限を迎え、実際に実行したのは長州藩のみであった。関門《かんもん》海峡を航行する外国商船を砲撃した長州藩は朝廷から嘉賞《かしょう》され、長州近在の諸藩は攘夷戦を応援するよう命じられた。攘夷監察使として正親町公董が長州へ下るまでになっている。国政は朝廷にあるも同然で、三条ら尊王攘夷派は、孝明天皇が親兵を率いて攘夷の先頭に立つ「攘夷親征」を行うものと考えていた。しかし孝明天皇は、幕府を蔑《ないがし》ろにし朝政を強引に推し進める三条ら尊攘派公家たちを「暴威の堂上」と嫌悪しており、五月二十九日の宸翰《しんかん》では「徳大寺実則と三条実美を早々に取り除かなければならない」と述べるまでになっている（『孝明天皇紀』第四）。孝明天皇が頼りにしていたのは、主に青蓮院宮、前関白近衛忠熙、薩摩藩であった。

伏見挙兵志士の再上京

文久二年（一八六二）四月の伏見《ふしみ》の挙兵に失敗し、国元で入牢《じゅろう》や謹慎処分等を受けていた志士たちが、勢いに乗って再度上洛を果たし活躍の場を広げていった要因は、学習院出仕と親兵にあろう。

学習院については先に述べた通りである。親兵は、長州藩を中心とする尊攘派が、王政復古には朝廷を守護する兵力が不可欠であるとして、朝廷へ設置を周旋したものである。本来、京都の治安は京都町奉行、京都所司代、京都守護職が担い、その職掌には御所警衛も含まれていたが、それとは別に朝廷が独自に持つ親兵として十万石以上の大名から出させた結果、親兵は総数千二百人以上にもなった（『維新史』第三巻）。三条実美は、京都御守衛御用掛という親兵の最高責任者に就任した。

伏見の挙兵失敗から約一年で京都を取り巻く情勢は大きく変わり、平野国臣や真木和泉の再来が望まれた。文久二年（一八六二）八月、朝廷から「安政五年以後に罪を蒙った者や国事に殉じた者を赦免するよう」との叡慮が出され、幕府は十一月に諸藩へこれを伝達したが、実際にはなかなか各藩や下位には届いていなかった。

土佐藩では、吉村虎太郎が投獄されていた期間、土佐勤王党の運動が功を奏して、閏《うるう》八月に藩主山内豊範へ京都警衛を命じる内勅が下され、武市瑞山・平井収二郎《ひらいしゅうじろう》などが土佐藩応接方に就任し一気に政治の表舞台へ立った。平井収二郎らは青蓮院宮に拝謁し、依然として藩政に影響力を持っていた山内豊資《やまうちとよすけ》（現藩主豊範の父）への土佐藩の藩政改革を促す令旨《りょうじ》を請い受けて帰国し、吉村の出獄を可能にした。吉村は翌文久三年（一八六三）二月に再上京をし、国事活動に積極的に参画している。

真木和泉から久留米藩士二十八名は、朝廷から恩赦の沙汰が出されたことで、文久三年二月にいったん釈放されたが、すぐに藩内の保守派によって罪を着せられ、またも幽閉されていた。先に脱藩していた藩士小川佐吉《おがわさきち》は、久坂玄瑞や曇華院の家士吉田玄蕃と謀って朝廷へ真木和泉らの赦免を願い出、これに津和野《つわの》藩も加勢して赦免運動を猛展開した。決定打となったのは、のちに詳述する中山忠光が京都を飛び出して長州藩へ下り、その足で久留米藩へ乗り込み掛け合ったことであった。

赦免された真木は上京の途次、毛利定広《もうりさだひろ》（のち元徳《もとのり》と改名。藩主敬親の養嗣子）、中山忠光、長州藩士入江九一《いりえくいち》らと会談したのち、山口《やまぐち》で藩主毛利敬親に拝謁した。真木はここで「攘夷は一藩のみで成し得ることではなく攘夷親征を行うべき」と述べている。敬親の賛同を得た真木は、上京すると学習院御用掛となり朝廷へ攘夷親征の周旋をしていくことになる。真木の門下生の鶴田陶司・半田門吉《はんだかどきち》などもすべて赦《ゆる》されて藩主の命により上京し、三条実美のもとで親兵や周旋方に付いた。

中山忠光の登場

尊攘派の年少気鋭の公家中山忠光は、中山忠能《ただやす》の五男として弘化二年（一八四五）に生まれた。長兄は、伏見挙兵の際に田中河内介らに陰で協力していた中山忠愛である。姉の慶子は孝明天皇の典侍として仕え、忠光が八歳の時に皇子祐宮（のちの明治天皇）が誕生している。次兄は正親町家の養子となった正親町公董である。

忠光は安政五年（一八五八）、十四歳で侍従《じじゅう》（天皇に近侍した官人）となり、昇殿（御所の殿上《てんじょう》の間《ま》に登る資格）を許され、宮中で祐宮の学問や遊びの相手を務めた。日々の中で皇室式微を目の当たりにした忠光は、心を痛めることがあったようだ。それが王政復古へと結びついていくことも、若い公家の忠光に志士たちが期待を寄せていくことも、自然な流れとい

中山忠光

えよう。

忠光と志士たちとの親交の端緒は、文久二年（一八六二）と推測される。同年六月、武市瑞山は藩主の参府に従って入京し国事周旋に当たっていた。九月八日、武市と平井収二郎は、中山家家士大口《おおぐち》出雲守《いずものかみ》の訪問を受けている。大口は「中山忠光が、佐幕派公家の九条尚忠・久我《こが》建通《たけみち》・岩倉具視・千種《ちぐさ》有文《ありふみ》・今城《いまき》重子《しげこ》・堀河《ほりかわ》紀子《もとこ》を刺殺するため、然《しか》るべき人物の腕を借りたいと要望している」と話した。この夜に忠光自身が武市の寓居《ぐうきょ》を訪れ、大口の話と同じ内容を述べた（『土佐維新史料』日記篇一）。

忠光の気性が激しく破天荒であったことは、宮中でも知られたところであったようだ。武市は軽挙な行動を諫《いさ》め、三条実美に面会してこのことを告げ、三条からも忠光を諫止してもらいたい旨を申し出た。三条から父忠能へ知らせが行き叱責《しっせき》された忠光は、暗殺を諦《あきら》めて、関白近衛忠熙に九条尚忠らの排斥を訴えている。

これをきっかけに武市・平井を軸として忠光は志士たちと急接近していく。正親町公董の用人を務める徳田《とくだ》隼人《はやと》は、武市宛ての書簡で「増々《ますます》青雲の志相見え、大慶の事共に御座候」

と、忠光に青雲の志が見え始めていると感じ入っている（『武市瑞山関係文書』一）。文久三年（一八六三）二月、朝廷に新設された国事寄人に就任した忠光は、国政の一役を担うようになる。

忠光の長州行き

文久三年（一八六三）二月、等持院《とうじいん》（京都市）に安置されている足利《あしかが》将軍三代（尊氏《たかうじ》・義詮《よしあきら》・義満《よしみつ》）の木像の首が三条河原《さんじょうがわら》に晒《さら》される事件があった。源頼朝《みなもとのよりとも》から北条《ほうじょう》家、足利家までを、政権を奪い朝廷を蔑ろにした逆賊であるとし、足利家に天誅《てんちゅう》を加えるとして木像を梟首《きょうしゅ》したもので、実行犯の三輪田元綱《みわたもとつな》ら十四名が京都守護職に捕らえられた。吉村虎太郎や伊藤俊輔《いとうしゅんすけ》（のち博文《ひろぶみ》と改名）ら多くの志士たちが彼らの釈放運動を展開し、それに対して松平容保の家臣秋月悌次郎《あきづきていじろう》らが学習院へ押しかけ反対論を張った。秋月らに気圧《けお》される公家が多いなか、国事寄人の中で中山忠光だけが一歩も引かずに激しく応酬した。ついには容保が側近を学習院へ遣わして秋月ら藩士を辞去させ、事の終息を図った（正親町季董《すえただ》『天忠組の主将中山忠光』）。

三月十八日には、忠光は久坂玄瑞や吉村虎太郎の手引きによって出奔し、西国遊説を目的に長州藩へ下った。

こうした忠光の破天荒さを、朝廷や幕閣は警戒していたようだ。それは四月四日に予定されていた石清水社行幸が、十一日に延期されたことでも窺える。延期の理由は、忠光が浪士を指揮して行幸供奉中の将軍や一橋慶喜らを討つ計画があるとの風聞であった。ただの風聞にすぎなかったが、行幸が延期されるほど真実味があったのであろう。当の忠光は既に長州藩へ西下して下関で攘夷戦の準備に加わっていた。その様子は「台場砂持ち成され候て、士卒の御働きに成るべく候」と、台場建設の砂運びなど一兵卒同様に働いていた（文久三年六月十九日付、安岡実之丞《さねのじょう》書簡。『武市瑞山関係文書』一所収）。その後、久留米藩がいまだ幽閉していた真木和泉らの保釈を要求するため、五月十日に久留米藩庁に乗り込んでいる。真木の釈放運動は、小川佐吉の要請を受けた長州藩が学習院に嘆願しており、内旨が下るとすぐに藩士が久留米へ急行していた。津和野藩も同調し、真木赦免に関する藩主の直書を持って使者が駆け付けている。

忠光は長州藩士七、八名を伴って藩主に面会を申し入れたが、藩の保守派が面会を阻んだ。激昂《げきこう》した忠光は「国賊、棄《す》つべし」と言い捨てて立ち去ったため、藩庁内は大騒ぎとなり、忠光を呼び返すには藩主自ら出馬すべきとの意見まで出る有様となった（「加藤任重漫録《かとうただしげまんろく》」『維新日乗纂輯』第二所収）。

公家が突然藩庁へ乗り込んでくるなど前代未聞であろう。山家《やまえ》（福岡県筑紫野市）で忠光一行を引き留めた勤王派の藩士は「家老重役を始め、いずれも因循苟且《いんじゅんこうしょ》にて不行届《ふゆきとどき》」と詫《わ》びた（「加藤任重漫録」）。その後も、藩上層部は真木の処遇を決めかねて日が過ぎたため、忠光は長州の兵力で真木救出を強行すべくいったん下関へ立ち去ろうとした。上層部は驚いて再度忠光を引き留め謝罪をしている（宇高浩『真木和泉守』）。これらの運動により、五月十七日に真木ら二十八名はようやく釈放された。

平野はこの一件を聞いて「偏《ひとえ》に中山公の御配慮に関わる処《ところ》と感激少なからず候」と述べている（高原謙二郎宛て書簡。『平野国臣伝記及遺稿』所収）。御所の中で気勢を挙げている公家とは違って、労を厭《いと》わず行動する忠光の若い姿は、多くの志士を魅了した。しかし一方で、自分の思い通りにならないと癇癪《かんしゃく》を起こす我儘《わがまま》な性格で、時にそれが裏目に出ることがあった。忠光は九州一円を巡遊するつもりであったが、姉小路公知が暗殺された事件を聞き急遽《きゅうきょ》京都へ戻ることになった。下関で上京途中の真木と会談し、互いに上坂後も何事かの相談を行ったのち帰京している。

吉村虎太郎の挙兵計画

この時期、老中格小笠原長行《おがさわらながみち》（肥前唐津《ひぜんからつ》藩主小笠原長国《ながくに》の養嗣子）が、生麦事件の賠償金を幕府が支払った件の釈明として、千五百名余りの兵を連れて軍艦で上坂していた。武力による京都制圧と取れるこの行動に危機感を抱いた吉村虎太郎、土佐藩の池内蔵太《いけくらた》、土居佐之助《どいさのすけ》、上田宗児《うえだそうじ》、熊本藩の竹志田熊雄《たけしたくまお》、三河刈谷《みかわかりや》藩脱藩の松本奎堂《まつもとけいどう》、宍戸弥四郎《ししどやしろう》らが小笠原の動向を探るために伏見へ下った。小笠原に面会し割腹させる計画だったとされる（平尾道雄『吉村虎太郎』）。幕閣からも批判を浴びた小笠原は、将軍家茂から入京を差し止められている。ちょうどこの時、赦免された真木和泉と門下生たちが伏見の長州藩邸で久坂玄瑞らと会談をしており、吉村らもそれに合流したようだ。吉村と真木は伏見挙兵以来の再会であった。

真木が掲げる攘夷親征論に、吉村らも賛同したようだ。攘夷親征を行うには中心となって動く雄藩と親兵が不可欠であった。真木が、自分が朝廷へ周旋をするので、吉村らは西国諸藩を説きながら長州へ向かうよう指示したと思われる節がある。長州へ向かう吉村の一行に、真木和泉とともに上坂してきたばかりの池尻茂四郎《いけじりもしろう》（久留米藩士）と真木菊四郎《きくしろう》（同前。真木和泉の四男）が加わった。

吉村らの一行は、藩主毛利敬親に拝謁して攘夷親征を推進するために藩主の上京を請うている。しかし、真木和泉の代理というべき吉村らの上京嘆願に、敬親は「近日中に家老の益《ます》田《だ》親施《ちかのぶ》や根来親祐《ねごろちかすけ》を上京させ、攘夷戦が落ち着いたら、自分か世子《せいし》（跡継ぎ）定広が上京する」と返答している（『修訂　防長回天史《ぼうちょうかいてんし》』）。

この時、吉村は、高杉晋作《たかすぎしんさく》や堀真五郎《ほりしんごろう》に農兵組立《くみたて》の相談をしている。五月十日に攘夷戦に踏み切った長州藩では、高杉晋作の構想による農民や町人にまで門戸を開いた奇兵隊《きへいたい》が、六月に創設されたばかりであった。堀真五郎が、農兵を組織して何に用いるのか問うた際、最初は言を左右にして答えなかった（『伝家録《でんかろく》』）。この時点で農兵を親兵とし挙兵する構想があったようだ。

平野の再登場

このような動きのなか、平野国臣は依然として福岡の牢にあった。伏見挙兵の直前に藩主黒田斉溥へ意見し、国元へ強制送還の上投獄されてから、約一年間の獄中生活を余儀なくされた。筆硯《ひっけん》がないなかでも、平野は紙縒《こよ》りで文字を作り、それを貼《は》り付けて建白書を作成し和歌を詠んだ。

この獄中生活を陰で支えたのは勤王歌人の野村望東尼《のむらもとに》である。望東尼は福岡藩士野村貞貫《さだつら》の妻で、夫の死後は仏門に入って尼となり、文久元年（一八六一）から二年にかけて京都で過ごした。政治に強い関心を持ち、福岡へ戻ると平尾《ひらお》山荘で暮らし、勤王志士を支援している。平野国臣の獄中での姿勢に感じ入った望東尼が和歌を送ったことがきっかけとなり、ふたりは厚い親交を持った。

京都薩摩藩邸の留守居添役《るすいそえやく》となっていた北条右門は、有志とともに朝廷へ平野保釈運動を展開した。大原重徳を通じて「寛大な恩典をもって処すべき」との朝旨が下されたが、福岡藩はこれを蔑ろにし続けた。しかし、将軍の上洛や京都の尊王攘夷論の高まりなど、幕府へおもねる佐幕から勤王へ情勢が変化していくと、藩もそれに同調すべく釈放を決定した。

出獄したのは文久三年（一八六三）三月二十九日で、平野は早速、藩主斉溥に藩政改革や入獄中の筑前勤王党の赦免を建策している。しかし、勤王への動きは依然として鈍いものがあり、平野が斉溥の命で上京したのは七月であった。八月九日に伏見に着いた平野は、まず大黒寺《だいこくじ》を訪れ、昨年、寺田屋で倒れた有馬新七ら薩摩藩士九人の墓に詣《もう》でている。

真木の建策と薩長同盟構想

真木和泉は三条実美へ書簡を送り「人材を登用して大政御施行の儀を行う」ことを建言している（『真木和泉守全集』上巻）。ひとつは、島津久光、毛利定広、山内容堂などの諸侯を登用し、幕府における老中のように、御所へ交代で詰めて朝政に参加させることであった。これは、かつて福井藩士橋本左内が提唱していた公儀政体論であり、朝廷でこれを行うべきとした。ふたつ目は、貴賤《きせん》の差別なく超逸の人材を選んで諫大夫《かんたいふ》または諫士《かんし》となすことで、目上の者であっても間違っていれば諫める役目である。

文久三年（一八六三）六月十七日、「五事建策」なる建言書を桂小五郎《かつらこごろう》（のち木戸孝允《きどたかよし》と改

名）、久坂玄瑞らの長州藩士に示し、攘夷親征の具体策を披露した。要約すると、

一、攘夷の実権を天皇が執ること。攘夷期限を幕府へ糾《ただ》して決定し、勅使を派遣して全国へ布告する。外国船が浪華海《なにわのうみ》（大阪湾）へ侵入すれば即時親征をする。

一、親征部署を定め、諸侯に命じ在京の兵を把握すること。在京の兵力を把握し、戦《いくさ》の部署を定めて将帥《しょうすい》を置く。軍奉行《ぐんぶぎょう》、武者奉行《むしゃぶぎょう》、攘夷使、諫《かん》官などの職を置く。錦旗から士卒の具足に至るまで万事整える。諸侯へ命じて調練を行う。

一、天下の耳目（見聞）を新たにすること。暦の形式を改め貨幣を改鋳し、総じて外国の物を用いることを禁じる。武門は勇武質朴を肝要とする。復古を果たし、神武天皇《じんむてんのう》の建国の大意に則って世の中を一新する。

一、土地人民の権を朝廷が収めること。畿内を手始めに土地人民は朝廷が収める。減税で民心を慰め、戸籍や財政を管轄する官員を人選する。

一、天皇は大坂へ移ること。大坂を拠点に軍艦を建造し、大坂の防御を固める。寺を廃し、僧を兵とし、仏器をこと

ごとく鋳直《いなお》して国家の大用に立てる。

（『真木和泉守全集』上巻）

平野の「回天管見策」と同様の内容で、ふたりが攘夷親征と王政復古の具体的な構想を持っていたことがよく分かる。

この建言により、攘夷親征は現実味を帯び「有志の輩《ともがら》大いに帰服、堂上にも追々《おいおい》人々感服して、日々内問評議これ有り候」といった様相を呈した（『孝明天皇紀』第四）。幕府への大政委任を完全に終わらせ、王政復古を実現したい三条にとっても、真木の存在は他の誰よりも肝要になってくる。

七月になっても攘夷の実効は上がらず、幕府に至っては動きもしないことから、攘夷親征を実行する行幸の計画が進められた。しかし、攘夷親征となると国家の重事《ちょうじ》であり、公家たちは実行に移した結果どうなるかの予測がまったくつかず、その可否について堂々巡りの議論が繰り返された。とはいえ、このまま手をこまねいては外国に侵略されるのは目に見えており、「皇国の大患」を放置するわけにもいかず困り果てていた。

しかも朝廷の親兵は兵力といえるほどではなく、真木はそれに苦慮した。朝廷がいかに幕府の圧力に弱いかは、松平容保の東下命令の例でも明らかである。朝廷は松平容保に、江戸へ向かい幕府へ攘夷を勧告せよとの朝命を下した。これを容保を京都から追い出す名目と捉えた会津藩士が反発し、騒動に及ぶ勢いになった。会津藩の兵力を恐れた朝廷は朝命を取り消し、松平容保の下向を見合わせる事態となっている。

この件について真木は「朝命、朝に出《い》でて夕に変わる。実に慨すべし」と嘆き、薩摩と長州が協力して朝廷を補佐する薩長同盟の構想を描いた。これには三条実美も賛成し、島津久光の上京を孝明天皇も切望したが、在京有志のほとんどは、前年の伏見挙兵の際に藩士や浪士の粛清を断行した薩摩藩に不信を抱いて反対した。真木は当事者であったにもかかわらず、常に大局観に立っていた。結局、周囲の反対と久光の判断によってこれは実現せず、真木は「薩長合体以《も》って朝廷を補佐するに至らず、亦《ま》た惜しむべきなり」と嘆息している（「文久癸亥日記」『真木和泉守全集』上巻所収）。

第二章　天誅組の決起と政変

攘夷親征行幸の詔勅

文久三年（一八六三）六月、長州藩主毛利敬親・定広父子から、攘夷親征の親書が朝廷へ出された。

一、石清水八幡宮へ御親征行幸され、諸藩と将軍へ攘夷の勅命を下されたいこと。
一、皇太子を立てられ、その輔佐の任には中山忠光を就けること。
一、勅《みことのり》に従わない幕吏や諸侯には、勤王の諸藩と申し合わせて天誅を加えること。勤王の諸藩がいない場合、長州一藩のみで実行するので、勅命を下されたいこと。
（『修訂　防長回天史』）

これを受けて真木和泉は、石清水行幸ではなく、大和国《やまとのくに》（奈良県）の春日社《かすがしゃ》（春日大社）で攘夷祈願をする「大和行幸」を提案しており、長州藩久坂玄瑞・周布政之助《すふまさのすけ》、熊本藩轟武兵衛・宮部鼎蔵、土佐藩の武市瑞山・吉村虎太郎ら多くの賛同を得て学習院へ上奏された。長州藩主の親書の通り、攘夷親征行幸を行うこと、攘夷の勅命に従わない幕府諸侯は処罰することが決定された。幕府への処分が初めて視野に入ったといえよう。ここで攘夷親征行幸は、大和行幸として具体化された。

青蓮院宮（中川宮、のちの久邇宮朝彦親王）、近衛忠煕、二条斉敬《なりゆき》や、鳥取藩主池田慶徳《いけだよしのり》、岡山《おかやま》藩主池田茂政《もちまさ》などの反対運動があったが、大和行幸を推し進める三条実美《さねとみ》や志士たちの激しい運動の末、八月十三日に「今度攘夷御祈願のために大和国へ行幸し、神武天皇陵、春日社などを拝して親征の軍議を行った上、伊勢神宮へ行幸する」との詔勅が布告された（『孝明天皇紀』第四）。

春日社へ行幸し神武天皇陵・伊勢神宮参拝ののち親征の大号令を発し、鳳輦《ほうれん》を大坂城へ置き親兵を大坂の防衛に就かせ、諸大名に勅命を下して公卿三人・大名三人の計六人を大司馬《だいしば》（軍事を掌る最高指揮官）に任じ、天下の耳目を一新して兵馬の権を収め、攘夷を号令する計画であった（『竹亭回顧録維新前後』）。平野国臣と真木が提唱したように、鳳輦を箱根まで進め、幕府に違勅の罪を問い、徳川家が征夷大将軍の職を辞し過ちを謝せばこれを許し、勅命に背き兵を構えるなら「天誅」を下すのである。行幸に引き続き討幕を行う目論見《もくろみ》があったことは、行幸決定後に孝明天皇がその延期を図って青蓮院宮へ与えた書簡に「征幕の事も止《や》むべし」と命じていることからも明らかである。行幸を推進する三条ら公家や諸侯は、「御親征討幕」を論じて憚らなかった（『孝明天皇紀』第四）。

真木は八月十五日に学習院に出仕し、三条のもとで行幸準備に多忙を極めた。薩摩藩・長州藩・土佐藩など六藩に費用十万両の上呈が命じられ、十七日には供奉《ぐぶ》の公卿もおおむね整い全体の概要が決められた。平野も供奉の中に入っている。

三条らが図ってきたように、万事は勅命によって進められた。攘夷を行わない幕府に対して、攘夷親征が実現すれば王政復古まであと数手を残すのみ、といった状況まできていた。

しかしながら、この時期の孝明天皇は「予を助け候人無く」と嘆いており、真意を置き去りにして攘夷親征へ動いていったことも窺えるのである（『孝明天皇紀』第四）。

「天誅組」の決起

中山忠光は京都へ戻ってからも、再度長州へ下り攘夷戦に参加したがった。困った父忠能《ただやす》は、真木和泉と久坂玄瑞を呼び出し「ふたりの言うことなら忠光はよく聞くので、言い聞かせてもらいたい」と述べるほどであった。真木は「長州での攘夷戦は末事であり、大権の回復が本である。今は鎮静を保つことが肝要で、儒教の経典『礼記《らいき》』『孝経《こうきょう》』を学ぶよう」に諭している（『真木和泉守全集』上巻）。

吉村虎太郎

真木は、忠光が出奔しようとするたびに中山家へ呼び出され、忠光に厳しく教諭をしている。七月に入って五日、七日と中山家を訪れており、ここで忠光は意気鎮静したようだ。

八月に入って頻繁に中山家に出入りし忠光と会っていたのは吉村虎太郎であった。忠光の軽挙を諫めていた真木とは反対に、吉村は松本奎堂（刈谷藩脱藩）や藤本鉄石《ふじもとてっせき》（岡山藩脱藩）らと、有志を糾合し行幸前に大和国で農兵を募り親兵を組織して討幕を実行する計画を立て、その頭《かしら》に忠光を据えようと考えた。

行幸の詔勅が出た翌日の八月十四日、忠光の名による呼びかけに応じて、計画に賛同していた志士たち約四十名が集結した。吉村ら伏見挙兵に参加していた浪士たち、真木の門下生の酒井伝次郎や荒巻羊三郎ら六人に加え、土佐脱藩浪士や九州諸藩の脱藩浪士たちが集まった。真木の日記の八月十四日には「此夜、子弟六人亡」とのみ記されており、真木は六人の行動と挙兵計画を知らなかったと思われる（「文久癸亥日記」『真木和泉守全集』上巻所収）。

忠光は、行動にあたって朝廷へ奏聞書を上げている。「天下の義士を招集して奸徒を誅し人民を幕政の苦しみから脱し、数千の義民を募って御親征をお迎えに参上したい。速やかに錦旗を立てられ在京の逆徒を放逐されることを願う」というものである（『楫取《かとり》家文書』第一）。標的とする幕府機関は大和国南部を支配する五條《ごじょう》代官所（奈良県五條市）で、これを平定して農兵を組み立て親兵を募り、行幸を迎えるという。つまり、武力討幕によって人々を幕府政治の苦しみから解放する、攘夷親征行幸は討幕であると明確に宣言していることを見れば、未遂に終わった伏見挙兵の再戦といえるのではないか。彼らは自らを天に代わって誅するの意味をもって「天誅組」と称した。

道中、軍令が一同に披露された。最後の一条は「一心公平無私、土地を得ては天朝に帰し、功有れば神徳に帰し、苟《いやしく》も功をうばぅ事あるべからざるものなり」と宣言されている（『南紀徳川史』第三巻）。「公平無私」とは中国の古代説話集『韓詩外伝《かんしがいでん》』に「正直なる者は道に順《したが》いて行い、理に順いて言い、公平にして私無し」とあるように「公明」と同じ意味合いで、私心がなく物事に偏ることなく潔白なさまをいう。「戦って土地を奪えばこれを朝廷に帰し、戦功があれば神の功徳《くどく》とし、いやしくも自分のものとしてはならない」との戒めは、土地人民は本来の朝廷へ返すという王政復古の大前提に基づくものである。細かな軍規としては、抜け駆け・乱暴・放火・飲酒・姦淫《かんいん》などを禁じ、たとえ飢えようとも民家から奪うことはならない、と定められた。

天誅組も伏見挙兵と同様、各藩から集まった身分がさまざまな在野の有志集団である。伏見挙兵の際には規律がなく、挙兵前に問題を起こして離脱した清河八郎らの例もあり、同じ轍《てつ》を踏まないためにも、集団をまとめる厳しい規律と親兵たる自覚を自らに課したのであろう。

五條代官所へ討ち入る

一行は伏見から船で淀川を下り、八月十五日夜半に堺へ着船すると西高野《にしこうや》街道を南下している（「大和日記」）。道中で、狭山《さやま》藩の陣屋《じんや》（三万石以下の城を持たない藩が藩庁を置いた屋敷。大阪府大阪狭山市）、丹北《たんぼく》郡津堂《つどう》村と小山《こやま》村（いずれも大阪府藤井寺市）を領地とする旗本戸田《とだ》土佐守の代官松田《まつだ》勝九郎、常陸下館《ひたちしもだて》藩の飛び地領を治める白木《しらき》陣屋（大阪府南河内郡河南町）の三カ所へ使者を出し、来《きた》るべき行幸のため、相応の態勢を整えて協力するよう要請した。要請を受けた側はいずれも、天誅組が称する「行幸の先鋒軍《せんぽうぐん》」に疑いを持っており、大坂町奉行、京都所司代へ通報している（『会津藩庁記録』二）。

河内国の中でも錦織《にしごり》郡や石川《いしかわ》郡（大阪府富田林市、河内長野市）は、楠木正成《くすのきまさしげ》ゆかりの地であり勤王思想の色濃い地域で知られる。錦織郡の水郡善之祐《にごりぜんのすけ》は勤王家で、これまでも平野国臣や吉田松陰などの多くの志士が訪れ、国事を諮ってきた。今回の決起には、水郡の長男英太郎《えいたろう》や近郷の庄屋や豪農層が集まった。水郡善之祐を筆頭とする河内の参加者は天誅組の中で「河内勢」と呼称される（水郡庸皓《にごりつねあき》『天誅組河内勢の研究』）。

十三名の河内勢が加わった天誅組は、八月十七日に楠木正成の菩提寺《ぼだいじ》観心寺《かんしんじ》で後村上天皇《ごむらかみてんのう》陵と正成の首塚に拝礼して戦勝祈願をしたのち、金剛山を越えて大和国五條へ入った。五條は、大坂・紀州・伊勢・十津川《とつかわ》を結ぶ街道が集約する地域であり、吉野川《よしのがわ》の河運《かうん》と相まって、奈良に次いで栄えた宿場町である。代官所は宇智《うち》郡・吉野《よしの》郡などの幕府領七万石を支配する。天誅組は、八月十七日午後四時頃に代官所へ突入した。隊士の池内蔵太《くらた》と半田門吉《かどきち》がそれぞれ鉄砲隊を率いて建物を取り囲むと、吉村虎太郎と上田宗児《うえだそうじ》（土佐藩脱藩）が槍隊を率いて表門から突撃した。鈴木源内《すずきげんない》代官ら役人を討つと総勢が内部に入り、代官所内の書類・金銭・家財などを押収した。夜中には建物に火がかけられ、一行はすぐそばの桜井寺《さくらいじ》を本陣に借り受けて移った（「大和日記」）。警備手薄な代官所の制圧は瞬く間に終わった。

突如、素性不明な軍勢によって領地の支配者が討たれたことで、人々は震え上がった。村役人たちは、桜井寺に呼び出されたにもかかわらずひとりも出頭せず、隣家の者たちが代わりに出頭している。ここで天誅組から「決して村に迷惑をかけるものではないため心配しなくてよい」と懇《ねんご》ろに諭されてようやく安心したという（「本城久兵衛日記《ほんじょうきゅうべえ》」）。代官所から運び出された書類は村役人に預けられ、衣類は困窮者に分け与えられ、桜井寺の本陣へは家財道具や武器、金銭などが運び込まれた。翌日には、役人四人の首を五條村のはずれに晒し、逃走した役人を捜索して討ち取っている。

この挙兵を討幕の快挙と捉えた志士たちが、天誅組に馳《は》せ参じるため続々と本陣へ集まってきた。隊の役割が決められ、主将中山忠光を支える総裁に吉村虎太郎、松本奎堂、藤本鉄石が、監察や小荷駄《こにだ》奉行、兵糧方などに各隊士がそれぞれ就いた。

忠光はこの日、三条実美・豊岡随資《よりしげ》・東久世通禧《みちとみ》・烏丸光徳《からすまるみつえ》に宛てて書簡を出している。「一橋慶喜や松平容保《かたもり》などによる妨害が必ずあろうから、即日、鳳輦を進められたい、延引などになればせっかくの機会を失うので、これよりは議論は無用、実行あるのみ」と鼓舞し、「自分は義徒を募って南都（奈良）へ鳳輦を迎えに上がる」と状況を報告している（『楫取家文書』第二）。行幸の既成事実をいち早く作り上げ、反対派の動きを封じる思惑であった。忠光は、松平容保による妨害が必ずあると見ていた。

御政府の発足

天誅組は、「御政府」を発足させ、代官所領の統治に乗り出した。ゆくゆくは朝廷直轄となる行政機関であり、天誅組が出した触《ふれ》には、「仮御政府」「御政府」の名が見える。江戸時代において小規模の反乱はたびたび起こっているが、幕府機関を討って独立した政府を樹立したのは、これが初めてのことであろう。まだ天皇の勅がないとはいえ、幕府支配を突き崩して王政復古の形を示した「新政府」であり、画期的といえよう。彼らは周辺の旗本領をも掌握し、支配下に置いていった。

御政府の施政でまず着手したのは、所轄の村々への触である。鈴木代官に誅戮《ちゅうりく》を加えたこと、本来、民は朝廷の民であること、幕府支配を解き朝廷直轄地となった祝いとして今年の年貢は半分にすること、を告げた（『会津藩庁記録』二）。次に、朝廷直轄地たる理《ことわり》を高札《こうさつ》場《ば》に掲げている。「天皇は天地の大宗主であり、万民はみなその末裔《まつえい》である。先祖に仕えるように朝廷に忠孝を尽くし、君臣主従の分を弁《わきま》えおのおの職業に勤め祭祀を行うことが、天人一致の大道である」（「天誅党始末書」『五條市史』上巻所収）と、生き方を説いている。

主目的は攘夷親征の親兵を募ることで、大和国中の諸大名などに宛て天誅組に会盟するよう要請している。同時に農兵も募集し、これに加わる者には名字帯刀を認める上、五石二人扶持《ぶち》を与える通達をした。

五條から程近い高取《たかとり》藩は、代官所が何者かによって襲撃されたとの情報をいち早く入手しており、八月十八日には、藩内一円に厳戒態勢を取るよう触を出していた。その最中《さなか》、天誅組の隊士那須信吾（土佐藩脱藩）が軍使として出向いてきたのである。那須は、先の狭山藩と同様、来るべき行幸のため協力するよう要請し、さらに「城を明け渡すか、相応の馬鉄砲米金等を出すか」との二択を突き付けた。高取藩は、行幸や天誅組についての情報が皆無であり、返答は公儀（幕府）へ伺ってからと述べた。那須が「攘夷親征行幸実施に基づいて、前侍従《さきのじじゅう》中山忠光が勅命によって来ている。返答が遅くなるようなら兵を引き連れてくる」と言い放ったため、翌朝にとりあえず武具や米を提供する旨を返答している（植村《うえむら》駿河守家来不破為忠《ふわためただ》書簡。『奈良県高市郡志料』）。

素性不明な一使者の言い分を請けたのは、真偽不明ながらも万一朝敵となることは避けたい考えからであった。とりあえず用意できる武具を提供した藩は、急ぎ奈良奉行へ使者を派遣して未曽有の出来事を通報し、指示を仰いだ。

三条実美の制止

上京を果たした平野国臣は、八月十六日に学習院出仕となり行幸供奉を命じられている。その名声は真木和泉と並んで朝廷や志士たちの恃《たの》むところであり、平野にとってこの日はことのほか感無量で、次の歌を詠んでいる。詞書《ことばがき》（前書き）には「大和伊勢行幸おほせ出され供奉のみことうけたまはりて」とある。

さゝらがた錦の御旗なびけやと　わが待つことも久しかりけり

十六日、京都所司代へ狭山藩と下館藩白木陣屋から急使が入り、中山前侍従と浪士約六十人が、義兵を挙げ鳳輦を迎える内旨を受けて乗り込んできたこと、真偽不明ながらも要請のまま馬や武具を提供したことを報告してきた。所司代がこの情報を朝廷へ上げたところ、驚いた廷臣たちは直ちに朝議にかけ奏聞に及んだ。関白鷹司輔熙は三条実美に「浪士の不穏な動きを鎮撫するよう」に命じた。派遣する使者は「人望のある者をもってせよ」とされ、真木か平野のいずれかに命じるよう内命があり、真木と平野が相談の上、平野が行くことになった（「三条実美公記」巻之七『七卿西竄始末《しちきょうせいそしまつ》』初編）。

行幸推進の中心人物である三条は「このような暴動はかえって行幸の妨害となりかねない」と心配した。懸念を抱くのは、おそらく真木も平野も同様であったに違いない。親征軍議を行い、その上で幕府へ攘夷を命じて従わなければ罰する（討つ）というのが、行幸の順序である。孝明天皇の討幕の勅命が下っていない段階での武力蜂起は、尚早であり危険であった。三条の内旨を受けた平野は、安積五郎・池田謙次郎《いけだけんじろう》（膳所《ぜぜ》藩脱藩）を案内人に天誅組を追った。一行は十七日の夜中に水郡善之祐の屋敷へ入り、彼らが昨日の午後にここへ来たことを聞いている。五條へ入ったのは八月十八日の午後であり、天誅組は既に代官所を制圧し、御政府を打ち立てたところであった（「三条実美公記」巻之七）。

制止するには一日遅く、平野にとって取り返しがつかない状態であったが、この日の夜、京都から別の急使が五條へ入った。急使が告げた内容は、朝廷の政変という思わぬ知らせであった。十八日未明に青蓮院宮が中心となって薩摩藩・会津藩が政変を起こし、三条実美ら尊攘派公家の御所参内を差し止め、大和攘夷親征行幸を延期にしたというもので、「八月十八日の政変」と呼ばれる事件である。親征妨害の先見はあったものの、この内容は一同に衝撃を与えた。天誅組の行動は攘夷親征行幸があってこそであり、それが事実上中止になると、行動の大義を失うことを意味する。幕府が黙っていないと予想され、この上は軍備を拡大すべきとの意見が出て方法が話し合われた。

平野はこの一件をどう捉えたのか。五條の様子を、筑前勤王党の喜多岡勇平《きたおかゆうへい》へ知らせている書簡で、天誅組を「王軍」、中山忠光を「元帥」と表現している（文久三年八月二十二日付、京都より喜多岡勇平ら宛て書簡。『平野国臣伝記及遺稿』）。「王軍が代官と下役四人を梟首《きょうしゅ》し、万事の制度を改め当年は半税免除を申し渡し、村長庄屋などに金銭を出させて困民に配当するなど、そのやり方は至極正道であり、みな大いに帰服し、農兵も追々百人ばかりでき、その勢いは広大になっている」と書いている。

平野は、攘夷親征行幸が中止となった今、五條の「御政府」のさまに、王政復古の糸口を見た気がしたであろう。討幕には雄藩の力が必要であると誰よりも認識していた平野は、ここで何としても天誅組の行動を継続させて雄藩を動かさなければならないと考えた。

薩摩、会津の行幸阻止

孝明天皇は、三条実美を筆頭に親征を推し進める尊攘派公家を「暴威の堂上」と嫌悪し、前関白近衛忠煕、青蓮院宮、島津久光らを頼りにした。

青蓮院宮は、かつて井伊直弼の安政の大獄によって隠居永蟄居《えいちっきょ》に追い込まれ、相国寺で謹慎生活を送っていた人物である。平野は「回天管見策」において、宮を幽閉から解く必要性を挙げ、「青蓮院宮を征夷大将軍として仰ぎ、親兵をもって鳳輦を奉じ、日本武尊の東征の佳祥にあやかって伊勢神宮に拝謁し神軍とする」策を述べている。これをもとに、伏見挙兵を進めた志士たちは、宮に期待を寄せた。しかし、青蓮院宮は、攘夷も含めて政治は幕府に委任する公武合体の立場を終始取り続け、長州藩と組んで親征を推し進める三条実美と対立関係になっていった。青蓮院宮も諸侯と同じく、井伊直弼の専横に対する反発はあったものの、幕府そのものへの否定ではなかったのである。幕府を否定し王政復古を希求した志士たちとの決定的な違いであった。

こうした素地の上で、まず動いたのは薩摩藩であった。久光の指示があったには違いないが、大和行幸の詔勅が出た八月十三日、薩摩藩士高崎左太郎《たかさきさたろう》が会津藩士秋月悌次郎へ、薩摩と会津とが提携して政変を敢行し三条らを排除する相談をした。秋月はすぐに松平容保の了承を得ている。両者は青蓮院宮に拝謁して計画を述べたところ、宮は大いに喜び、計画を滞りなく遂行するには、前関白近衛忠熙と右大臣二条斉敬を味方に引き入れる必要があると述べた。これを受けて、薩摩藩士は近衛忠熙・忠房父子を、会津藩士は二条斉敬を説き伏せて賛同を得、それをもって宮が十六日未明に参内し、孝明天皇に三条らの排斥計画を上奏した。十六日夕刻、孝明天皇は行幸延期を決断した旨の書簡を青蓮院宮へ与え、「やむなき時には徳川を討たざるを得ないが、武器等が整わないうちに開戦するは時期尚早で、親征は延引し征幕も中止とする」と命じた。これを受けて宮は「公卿諸侯がどれほど御親征討幕を論じても、自分の命脈ある限りはその説を退け、佐幕の議を進める」と決意表明をしている（『孝明天皇紀』第四）。

青蓮院宮から薩摩藩・会津藩へ下された文書は「自分も累年の鬱念《うつねん》を晴らし、生涯の忠胆を尽くすべきはこの時と思い詰めている。御親征の勅を転覆する至重至大の事であるので、反復思慮、粉骨砕身、大事成就するよう、偏《ひとえ》に頼み入る」とあり、政変を成功させるために、薩摩・会津の兵力を頼りにした（『孝明天皇紀』第四）。第一目的は三条ら尊攘派公家の排斥であり、彼らを排斥すれば攘夷親征行幸を阻止するなど容易だったのである。

八月十八日の政変

八月十八日午前一時頃、青蓮院宮・近衛忠熙・二条斉敬・徳大寺公純（内大臣《ないだいじん》）・近衛忠房（権大納言《ごんのだいなごん》）・松平容保（会津藩主・京都守護職）・稲葉正邦《いなばまさくに》（淀藩主・京都所司代）が参内し、薩摩藩・会津藩・淀藩の兵が禁裏《きんり》御所六門および九門を閉ざした上で厳重警備に就いた。参内の堂上公家から地下《じげ》官人に至るまで、往来はもとより召命のない者の参内は禁止された。

こうして真夜中の朝議が開始された。関白鷹司輔熙を召命しない朝議であった。ここで青蓮院宮が述べたのは「御親征行幸は思し召《おぼめ》しもないのに叡慮と偽って施行したもので、このような過激疎暴を引き起こしたのは長州藩の企てに三条実美などが同意して天皇へ迫ったためで、不忠極まりない。追って取り調べるため、まず三条以下に禁足、他人面会を差し止める」というものであった。決定されたのは、主に次の内容である。

一、在京の諸侯を即刻参内させる。
一、武家伝奏、議奏、国事御用掛、国事参政、国事寄人の参内を差し止める。
一、三条実美以下に参内・他行・他人面会を禁じる。
一、国事参政・国事寄人を撤廃し、親兵を廃止する。
一、長州藩の堺町御門の警衛を解き、同藩兵を京都から引き払わせる。
一、毛利敬親父子の入京と同藩士の九門内への出入りを禁止する。
一、大和攘夷親征行幸を延期する。

（『孝明天皇紀』第四）

参内・他行・他人面会禁止の処分を受けた公家は、三条実美・三条西季知《すえとも》・東久世通禧・壬生基修《もとなが》・四条隆謌《たかうた》・錦小路頼徳《よりとみ》・沢宣嘉など二十名余りとなった。長州藩が担当していた堺町御門の警衛は薩摩藩へ変更され、召命を受けた在京藩主が九門を固めた。

この頃になって、禁裏内の異変に気付いた三条らの公家、長州藩士、真木和泉らが情報を求めて堺町御門内の鷹司邸に裏門から続々と集まった。屋敷の内外は、長州藩とその支藩である清末藩《きよすえ》・岩国《いわくに》領の兵、三条実美に付いていた親兵約千人の総勢二千七百余名で溢《あふ》れ返り、薩摩藩兵・会津藩兵との間で一触即発の状態になった（『修訂 防長回天史』）。

すべてが決定されてから参内を命じられた鷹司輔熙は、長州藩の処分に異を唱えたが、朝議を覆すことはできなかった。勅使柳原光愛が鷹司邸へ至り、毛利元純《もうりもとずみ》（清末藩主）・吉川《きっかわ》経幹《つねまさ》（岩国領主）・益田親施《ちかのぶ》（長州藩家老）に「行幸実施は疎暴であり取り調べを行うが、攘夷の叡慮は確固たるものであり今後も長州藩を頼りにするから忠節を尽くすこと」との詔勅を下した。御所で騒乱を起こすことは憚《はばか》られ、長州藩は三条らを伴っていったん妙法院《みょうほういん》（京都市東山区）へ撤退した。

真木和泉の挙兵案

ここで、長州藩士久坂玄瑞・寺島忠三郎《てらしまちゅうざぶろう》・桂小五郎・来島又兵衛《きじままたべえ》らと、真木和泉、土佐藩士土方久元《ひじかたひさもと》ら親兵の代表たちで今後の去就が議論された。

真木は、大和国と河内国の境に位置する金剛山か、摂津国《せっつのくに》の摩耶山《まやさん》（兵庫県神戸市）に拠《よ》って挙兵すべきと主張した。真木の脳裏にあったのは、今や存亡が危うくなっている天誅組のことであった。真木は「金剛山は、元弘《げんこう》の昔に楠木正成が五畿七道《ごきしちどう》の兵を受けて三年降《くだ》らず、ついに勝利した要衝である。かつ先に親征の先鋒として兵を挙げた中山忠光の応援にも利がある。摩耶山も峻険《しゅんけん》にして要害の地である。これらに拠って正義の隣藩に檄を飛ばし、二十日間も持ちこたえれば諸侯は必ず応ずるであろう。たとえ義兵が集まらず利を失い戦死しても望むところである」と言い切って、一同に発破をかけた（『七卿回天史』）。

衆議は紛々したが、最終的に七卿を奉じて本国へ帰ることに決定された。毛利元純らは「攘夷の叡慮は変わりないのであるから、それを尊奉し七卿を我が藩に迎えて攘夷の節は隣藩に令を下すべき」と述べ、「長州藩に対する一時の罪を恐れ百年の国辱を残すことになっては、大小の別を誤ることになる」と一同を説得した。孝明天皇の攘夷の叡慮を基に、その実行のために七卿を奉じて帰国する、との大義名分を打ち立てたのである（「三条実美公記」巻之七）。

八月十九日の未明、長州藩兵約二千名は、三条実美ら七人の公家を守って長州本国へ西下した。一方、久坂・寺島・桂などは京都に潜伏して情勢探索に当たった。彼らは、いずれも天誅組の動向が気になりながらも、自藩の危機に加えて七卿の対処で精一杯であった。

覆された詔勅

公武合体を堅持する勢力が牛耳る朝廷では、政変が成功を収めた翌日の八月十九日、孝明天皇が京都守護職・京都所司代・諸藩へ向けて「行幸は延引にしたけれども、攘夷は累年の叡念である。勤王の諸藩は、幕府の指示を待たず速やかに掃攘するように」との詔勅を下している。

二十六日になって「八月十八日以後の勅命は、真実であり、十八日以前に出した勅は真の叡慮ではない」との詔勅が出された。これにより行幸どころか、これまで出されてきた攘夷や攘夷親征さえ、孝明天皇の意思ではなかったと捉えられた。

真木和泉は「これでは勤王・攘夷と申すこともまったくの偽りとなり、神武三千年の天下もこれ限り」と嘆いている（文久三年付、坂木《さかき》六郎藤次郎宛て書簡稿。『真木和泉守全集』上巻）。長州藩も天誅組も完全に大義名分を失うことになったが、同時に勅そのものの信憑性《しんぴょうせい》が失われていく。

志士たちを尊王攘夷に駆り立てた主な動機は、嘉永六年（一八五三）のアメリカの砲艦外交であり、安政五年（一八五八）の戊午の密勅である。しかも攘夷親征計画は、文久二年（一八六二）五月の「若《も》し幕府十年内に限りて朕が命に従い、膺懲《ようちょう》の師《し》を作《な》さずんば、朕、実に断然として神武天皇神功皇后《じんぐうこうごう》の遺蹤《いしょう》に則り、公卿百官と天下の牧伯《ぼくはく》を帥《ひき》いて親征せんとす」との勅書から始まっている（『孝明天皇紀』第三）。幕府が十年以内に、外国征伐の軍を起こさないのであれば、自分が公家百官と諸侯を率いて親征する、との決意である。攘夷親征は、長州藩や真木和泉の暴論によるものではなく、孝明天皇の意思に基づいていた。

国辱ともいえる砲艦外交によって条約締結をさせられた今、「破約攘夷」を決行し戦争になった場合、勝算があるのかどうかであるが、久坂玄瑞は次のように言い切っている。「攘夷の儀に付《つい》ては、始めより成算のある事にてはこれ無く、国体の立つ立たず、大義の欠く欠けずとにこそあれば、今更一点も動揺ありては相叶わず候《そうろう》は勿論《もちろん》に候」（元治《げんじ》元年四月付、桂小五郎宛て久坂玄瑞書簡。『久坂玄瑞史料』）。攘夷は勝算があるかどうかで行うものではない。むしろ事の成否よりも国体を立て大義を欠かさないことが重要だと主張しているのである。つまり「攘夷」の根底にあるのは、国体の護持である、という。

孝明天皇の真意が「破約攘夷」であることは間違いなく、その手段を征夷大将軍である幕府に委ねても実行は得られず、かといって親征をもできかね、孝明天皇、青蓮院宮、廷臣たちは徐々に消極的になり、いざとなったら親征に気が進まず不安になっていた、と指摘される（佐々木克『幕末政治と薩摩藩』）。

尊攘派が推し進める攘夷親征が現実味を帯びてくるなか、五月三十日、孝明天皇は青蓮院宮へ宸翰《しんかん》を下し、評議で三条実美があれこれ申し立てるため、「此上《このうえ》は、ふんふんという他《ほか》致し方これ無く候」と、頷《うなず》くしかない状態だとこぼしている（『孝明天皇紀』第四）。攘夷親征と王政復古を本気で目指す三条らと、攘夷親征を宣言してしまった天皇との間でかなりの乖離《かいり》が生まれ、意に沿わない詔勅の最大のものが、大和攘夷親征行幸であった。三条ら七卿、長州藩など尊攘派は、政変は青蓮院宮や会津藩などの「君側《くんそく》の奸」の仕業と捉えた。

平野の京都脱出

親征延引の詔勅について天誅組の隊士たちは「余りの事にあきれ果て、ものさえ云《い》われず」と情勢を冷ややかに見ている（『南山踏雲録《なんざんとううんろく》』）。攘夷親征の目的である討幕に向けて、政局が変わるまで徹底抗戦をする決定をした。この時点では京都の詳しい情勢はまだ分からず、中山忠光は、情勢確認と復命のため京都へ戻る平野国臣に、朝廷への上書を渡して鶴田陶司を同行させた。鶴田の目的は、真木の無事を確認し意見を仰ぐことであったろう。出発するふたりに忠光ら天誅組首脳陣は、今後の見通しとして、八月二十日までに十津川郷に陣営を構える予定であると告げた（文久三年八月二十二日付、喜多岡勇平ら宛て書簡。『平野国臣伝記及遺稿』）。平野に同行してきた安積五郎・池田謙次郎は五條に残り、天誅組に加わった。

京都に戻った平野は、尊攘派の商人山中成太郎《やまなかなりたろう》の屋敷へ入り事情を探ったが、予想以上に情勢は厳しくなっていた。三条実美ら七卿と長州藩士・真木和泉らは長州へ落ち延びており、学習院で国事建言はできず、復命するなど不可能になっていた。町の至るところで会津藩お抱えの浪士隊「新選組」による浪人狩りが始まっており、平野の入京もすぐに彼らに探知されていた。八月二十一日夜、偶然、肥後勤王党松村大成の子深蔵と出会った平野は、ともに祇園《ぎおん》に登楼した。その晩、新選組が門戸を打ち破って山中邸へ家宅捜索に入り、平野と鶴田の居場所を詰問している（文久三年八月二十二日付、喜多岡勇平ら宛て書簡。『平野国臣伝記及遺稿』）。真木が長州へ西下したことを聞いた鶴田は、長く京都に留まることは危険と判断し五條へ戻った。

翌朝に山中邸の次第を知った平野は、古東領左衛門《ことうりょうざえもん》の屋敷へ居場所を変えた。古東は、淡路国《あわじのくに》の庄屋で、山中成太郎同様、志士たちの支援をしてきた人物である。しかし古東の屋敷にも新選組の家宅捜索があり、ふたりは三条小橋《さんじょうこばし》の旅宿豊後屋《ぶんごや》の離れに入ったが、そこへも新選組の捜索が入った。平野は直前に逃れたが、古東は捕縛されている（『伝家録』）。虎口を脱した平野は、大坂へ下り、伏見挙兵以来親交があった小河《おごう》一敏によって岡藩邸に匿われたのち、但馬へ向かった。

十津川郷士を糾合する

これまで「御政府」として領内統治と親征の農兵募集とにかかっていた天誅組は、五條に後詰《ごづめ》（後方支援）の隊士を残して、本隊は十津川郷へ移動を始めた。八月二十一日には天ノ川辻《かわつじ》（奈良県五條市）の豪商鶴屋治兵衛《つるやじへえ》の屋敷を借り受けて本陣とし「天ノ川辻御役所」を置き、五條の桜井寺を「五條出張所」に改めている。天ノ川辻は商家や問屋が軒を連ねる西《にし》熊野《くまの》街道の要所でありながら、山中のため道筋は険しい。武具以外の物資は確保できる上、防衛地点として最適であった。

天誅組は、吉野川の南に位置する野原《のはら》村など四カ村に高百石につき三人の人夫を出すよう命じると、あらゆる物資を天ノ川辻へ運び込んだ。武器や火薬などは、隊士が大和国中や堺へ調達に行っている。ここで十津川郷士《ごうし》の協力を得るため、使者が立てられた。

奈良県南部に位置する十津川郷（奈良県吉野郡十津川村）は、大峰《おおみね》山脈の主稜線《しゅりょうせん》が通る山岳地帯である。十津川郷の住民は郷士（半農の最下級武士）で、その由緒は『古事記《こじき》』『日本書紀《にほんしょき》』に記される。文久三年（一八六三）二月に御所を警衛する禁裏御守衛の役目を願うために朝廷へ差し出された「赤心建白書」によれば、神武天皇が熊野から大和へ向かう際に手助けをした豪族高倉下《たかくらじ》の末裔であり、八咫烏《やたがらす》とともに天皇を大和国中《くんなか》（奈良盆地）へ導いたとされる。神功皇后の三韓征伐、天武天皇《てんむてんのう》の吉野行幸への供奉をし、南北朝時代には後醍醐天皇をはじめ南朝方の天皇に仕えてきた（西田正俊『十津川郷』）。

勤王の由緒がある十津川郷士の存在に着目したのは五條の儒学者森田節斎《もりたせっさい》で、安政年間（一八五四〜六〇）、元小浜藩士梅田雲浜と図って郷士に軍事訓練を施し、親兵として御所を警衛させる計画を立てた。森田と梅田、両者の門下生である五條の医者乾十郎《いぬいじゅうろう》などが十津川郷へ赴き、軍事訓練とその資金捻出《ねんしゅつ》のための材木の販路開拓とに尽力してきた。その途中で梅田雲浜が安政の大獄で捕縛され獄死したことから計画は中途になったが、郷士たちは独自に活動を続けてきた。

文久三年（一八六三）二月から、郷士総代の深瀬繁理《ふかせしげり》、田中主馬蔵《たなかしゅめぞう》、上平主税《かみだいらちから》らが長州藩士の手引きを得て相次いで上京し、「帝室に有事の時は勿論、国家の大事に至ては国恩の万分の一報い奉らん」と禁裏御守衛を願い出て、一千人余りを御用に差し出したい、と具体的な数字を挙げている（『十津川郷』）。大藩なみの動員力に、尊攘派が注目するのは当然であった。天誅組が在郷の郷士へ協力を求めた時には、上平主税ら総代と百八十名余りの郷士が滞京中であり、郷の留守居役野崎主計《のざきかずえ》が天誅組の対応に当たった。「行幸の先鋒」という大義への野崎の賛同を得た天誅組は「十五歳から五十歳までの者は残らず本陣へ出張するよう」との募兵の檄を飛ばし、約千人が天ノ川辻本陣へ馳せ参じた（久保田辰彦『いはゆる天誅組の大和義挙の研究』）。

狭山藩や高取藩が天誅組に疑問を感じ、幕府の指示を仰ぐべく使者を立てたのに対し、十津川郷士は、在京の郷士総代へ連絡をした様子もなく、朝廷へ真偽を伺うこともしていない。直接の支配は五條代官で、支配者が殺害されたにもかかわらず、天誅組に全面的に賛同しているのは、偏に「天朝のため」であり、古来朝廷に尽くしてきた由緒に則って再び朝廷に尽くす「由緒復古」にほかならない。在京郷士が禁裏御守衛の任に就いていることもあり、留守を預かる総代はまたとない機会と捉えた。

本陣に集合した時に、十津川郷士の玉堀為之進《たまほりためのしん》ら二名が「行幸の先鋒」に疑問を呈したために、斬首刑になっている。この一件は、天誅組が旧代官所領の支配者として存在していることを示しており、以後、郷士たちは靡然《びぜん》として従ったようだ。しかし、ある程度の軍事訓練を受けていたとはいえ、普段は農民で武具も持たない者が多く、戦力としてはいささか心許《こころもと》ない状態であった。

高取藩への問責と敗戦

軍使那須信吾の要求をやむを得ず請け、幾ばくかの武具を提供した高取藩は、情報収集を急いでいた。京都守護職松平容保が柳沢保申《やなぎさわやすのぶ》（郡山《こおりやま》藩主）へ「浪士数十人が五條陣屋を焼き払い、代官鈴木源内はじめ殺害に及んだことは極めて乱暴である。早々に人数を差し向けて召し捕らえ、手に余るようなら斬り捨てるように」との命令を出した。京都守護職から命令が出されたことは奈良奉行から高取藩へ報告され「時宜により加勢を頼むこともあろうから、心得置くように」と付け加えられていたことから、高取藩は天誅組へのその後の物資要求を断り戦闘準備にかかった。

相次いで、京都東町奉行からも「中山家公達《きんだち》と浪士六十人ばかりが、狭山陣屋その他にて勅命と偽り武具馬具など借り受けた由。鎮防のため厳重の手配をし、場合によっては斬り捨てるように」との達しが来ている。京都所司代は、同様の「賊取り鎮め方の儀」を、郡山藩、柳本《やなぎもと》藩、芝村《しばむら》藩、新庄《しんじょう》藩（いずれも大和国）に命じ、奈良奉行にも応援を手配した上で、高取藩へその旨を知らせている（『奈良県高市郡志料』）。その動きを把握していなかった天誅組は、物資供給を断ってきた高取藩を問責し場合によっては代官所同様に討ち果たすべく、八月二十五日早朝にほぼ全軍で進軍を開始した。

高取藩は二万五千石の譜代大名である。城は高取山上に聳《そび》える山城であるが、藩主以下家中は麓《ふもと》に居住している。天誅組は、小藩の兵力など物の数ではないと呑《の》んでかかったようだ。

途中、郡山藩が出陣してきたとの報に接し、高取藩を攻撃する本隊と郡山藩を迎撃する別動隊とに分かれた。天誅組の進軍を知った高取藩が、郡山藩へ援軍を要請しており、それが出陣してきたものであったが、これは天誅組と衝突していない。

本隊は途中で高取藩の斥候《せっこう》（偵察者）を捕らえた。高取藩が警戒態勢を敷いていると予想され、尋問したが、斥候が藩の実情を洩らさなかったため状況は分からないままであった。しかし、こちらから斥候を出すこともなく、高取藩領森《もり》村の手前の大乗寺《だいじょうじ》（奈良県御所市戸毛）で休息し、翌朝に戦を仕掛けると決定した。

高取藩は先の通達によって藩内に厳戒態勢を敷いた。城下町入口、家中屋敷が並ぶ区域の入口、藩主館の守備に藩兵を配備し、城下町入口には大砲二門を設置したほか、城下町の要所十二カ所に農兵を配置した。何人かの斥候から、天誅組が西から土佐街道（御所市から城下町へ続く街道）を進軍中との報告を受けた藩は、街道を見下ろす高地である鳥ケ峰《とりがみね》に大砲二門、補助砲五門を設置し照準を定めた。

天誅組が行動を開始したのは八月二十六日明け方で、貝・太鼓を鳴らしながらの進軍中、突如高取藩の大砲攻撃を受け混乱した。敵の未熟な操縦は隊列に致命傷を与えるものではなかったが、威力は大きく、隊列は乱れたところで銃撃戦、白兵戦となった。郷士や農兵は逃げ、わずか二時間程度で天誅組は総崩れとなり敗走した。この最中、十津川郷士尾中甚蔵《おなかじんぞう》が戦の混乱を潜り抜けて京都へ走り、次第を在京の郷士総代へ告げている。

別動隊を率いて郡山藩兵の進軍を警戒していた吉村虎太郎は、本隊の敗走を聞くと決死隊を集めて夜討ちを決行したが、これも巡邏《じゅんら》中の高取藩士に遭遇し、小競り合いの末に負傷して戻る羽目になっている。

初戦の手痛い敗北であった。高取藩から先制攻撃を仕掛けてくるとは考えていなかったようだ。しかも十津川郷士は郷中《ごうちゅう》から本陣へ参じて、ほぼすぐに高取進軍へ組み込まれており十分な休息を取らせていなかった。途中、水郡善之祐などが、兵に休息を取らせて偵察隊を派遣すべき旨を進言したにもかかわらず、中山忠光は即時攻撃を決定している。総裁として全軍を統括し、忠光を補佐すべき立場にある松本奎堂・藤本鉄石がこれを止められなかったことも大きい（水郡庸皓『天誅組河内勢の研究』）。

高取藩は、天誅組側の首九つを挙げ五十八人を生け捕りにした。生け捕りになったのは多くは十津川郷士で、わずかに人足がいる。小銃、槍、刀などの押収品を持ち帰った藩は、京都所司代と大坂城代へ戦況を報告した。これによって松平容保から褒賞の書簡が届いたほか、老中より「抜群の働き」との感状が届き、藩は藩士・郷中（農兵・郷士）・中間《ちゅうげん》（雑務に従事した最下級武士）まで褒賞金を出して労をねぎらっている（『奈良県高市郡志料』）。天誅組は、政変の現実を突きつけられた形となった。

朝廷の追討命令

続々と届く天誅組の動向報告に、朝廷は、紀州藩・津《つ》藩・彦根藩・郡山藩の四藩へ「京都の御用として諸士数十人が狭山辺りへ行ったようだが、そのような御用を仰せ付けたことは一切なく、早々に鎮撫するよう」との命を出した。これを受けて松平容保は、大和国の全藩（小泉《こいずみ》藩・高取藩・柳本藩・芝村藩・新庄藩・柳生《やぎゅう》藩・田原本《たわらもと》藩）へ天誅組鎮撫の出陣命令を出し、畿内は俄《にわ》かに騒然としてきた。当初の命令では「鎮撫」の処置であったが、八月二十四日の宸翰では「和州浮浪の一件も容易ならざる事、右は何迄《いずこまで》も追討申付け候」と一層厳しい措置が表明された（『孝明天皇紀』第四）。

さらに、九月一日になって次の沙汰が京都守護職を通じて追討諸藩へ出された。「和州五條の一揆《いっき》の首領は、中山中将または中山侍従と名乗っているようだが、これはまったくの偽名で朝廷から遣わした者ではない。朝権を憚らず勅諚を唱えるなど国家の乱賊であり斟酌《しんしゃく》せず討ち取り鎮圧するように」との厳しいものであった。また、長州藩へ落ち延びた七卿についても「和州五條一揆の中山のように、どこを頼って偽名で諸人を惑わすやも計り難い」とし「そのようなことがあれば斟酌せず取り押さえること、乱暴に及ぶようなら臨機の処置をもって召し捕るように」と命じている（『孝明天皇紀』第四）。

十津川郷士が天誅組に協力していることも伝わり、朝廷は在京郷士へ「中山侍従と名乗る者たちは暴逆の徒であり、郷士たちは早々に彼らのもとを逃れて上京してくるように」との沙汰を出している。

政変によって長州藩と三条実美らの公家を追い落とし、公武合体を堅持する勢力が占めた朝廷と幕府から見れば、天誅組と七卿は攘夷親征行幸を復活させることにもなりかねない危険分子であり、徹底的に取り除いておきたい意図が見える。しかし、七卿が長州藩に守られているのに対し、天誅組は完全に孤立していた。

天誅組応援の策

長州本国へ西下した七卿や真木和泉らは、三田尻《みたじり》（山口県防府市）の招賢閣《しょうけんかく》（長州藩主の休息所、三田尻御茶屋《おちゃや》の一角）に入り、長州藩士らとともに今後について協議をした。

真木は政変について「薩の狡男子《こうなんし》共《ども》の所為《しょい》」「如何《いか》なる天魔の所為に候哉《や》」「誠に残憾《ざんかん》血涙の至りに御座候」といった言葉で表している。攘夷親征行幸の先頭に立ってきただけに、真木の口惜しさは人一倍であった（文久三年白石正一郎兄弟に与えし書、文久三年京都某氏に送りし書簡稿。『真木和泉守全集』上巻）。

真木は、高杉晋作と相談して「三事草案」と題する建言書を作成した。その内容は、御所内の賊兵を追い払い七卿を復職させることを目的とし、奇兵（身分を問わない有志の兵）を用いる策を挙げている。ただ、奇兵だけでは薩摩・会津を倒して朝権を取り返すことはできないので、大和で天誅組を助ける、石見《いわみ》銀山（島根県大田市）を奪う、豊後国日田《ひた》（大分県日田市）の西国筋郡代所《さいごくすじぐんだいしょ》（九州の幕府直轄領を支配した）を押さえる、但馬国久美浜《くみはま》（京都府京丹後市）に出兵して天誅組の応援をする、このいずれかを行うべきと説いた。地方で大規模な騒乱を起こすことで在京の諸侯を領地へ帰国させ、京都の兵力の解体を狙《ねら》ったものである。その隙《すき》に七卿を伴い毛利敬親が京都へ出馬して朝政を回復すべきで、兵力に余裕があれば前項の通り数ヵ所で兵を挙げるが、余裕がなければ全兵力を大和に向かわせて天誅組を助け、五條で勢力を固めるよりほかはない、と断じた（『真木和泉守全集』中巻）。

長州藩が諸侯の中で孤立した今、薩会を討ち攘夷親征を繋ぐわずかな足掛かりは天誅組であり、それが鎮圧されれば幕府が増長し、王政復古の道は閉ざされるという焦燥感があった。しかし長州藩はこの案に乗らず、応援の兵を出さなかった。藩は京都の失地回復が第一であり、下関での攘夷戦の緊張が依然続いている上に七卿滞在の問題もあり、他へ兵を割く余裕がなかったのである。

浮上する解散案

高取からの敗走途中、水郡善之祐や那須信吾などの精鋭隊士が追撃を警戒して途中で踏みとどまり、本隊を天ノ川辻本陣へ後退させた。警戒を解いて五條へ戻った水郡らは、桜井寺を引き払って天ノ川辻本陣へ移る準備にかかった。村役人には「高取藩兵が攻めてきた場合、町方《まちかた》は大変難儀をするであろうが、我々がここに詰めていても迷惑がかかるのでいったん引き払う」と申し渡し、五條の町の守衛を懇ろに頼んでいる（「本城久兵衛日記」）。夜討ちに失敗した決死隊が負傷した吉村虎太郎を抱えて戻ってくるのを待って、天ノ川辻本陣へ引き揚げた。

この敗戦がよほど堪《こた》えたのか、先に天ノ川辻本陣へ戻った本隊は、いったん矛を収めて後

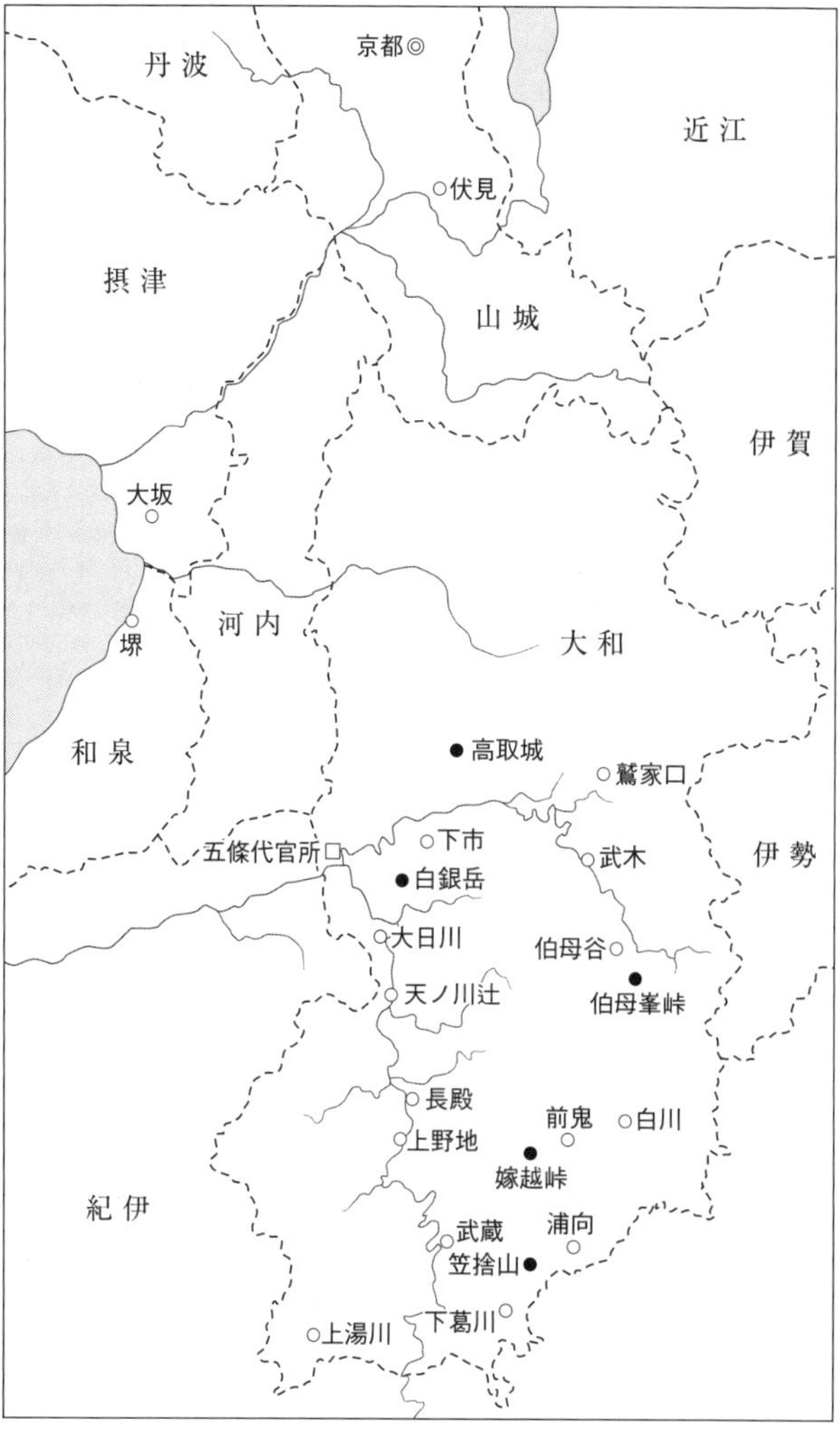
京都
丹波
近江
伏見
摂津
山城
伊賀
大坂
河内
堺
大和
和泉
高取城
鷲家口
下市
五條代官所
白銀岳
武木
伊勢
大日川
伯母谷
天ノ川辻
伯母峯峠
長殿
前鬼
白川
上野地
嫁越峠
紀伊
武蔵
浦向
笠捨山
下葛川
上湯川

日に再挙すべきではないか、との考えに傾き始めていた。この頃には天誅組側も京都の情勢や追討各藩の動向などを摑《つか》んでいたようで、「奸徒が朝廷の政治を操り、長州藩も京都から追われた今となっては、追討各藩が迫るなかで自分たちの味方はなく、朝敵とされるのも時間の問題」との認識が、隊中に芽生えていた（「大和日記」）。陰鬱な気分を払拭《ふっしょく》できない本隊は、十津川郷の山中に籠《こ》もり、機を見て紀州藩領の新宮《しんぐう》（和歌山県新宮市）に出て四国か九州へ渡り、情勢を見て再起を図るという事実上の解散案に決し、八月二十八日に十津川郷の長殿《ながとの》村へ移った。本隊は、後続隊へ決定を伝達し一刻も早く合流するように伝えると、十津川郷を徐々に南下し、九月二日には武蔵《むさし》村に滞陣して新宮へ脱出する計画を進めた。

一方の後続隊は、本隊の解散脱出案を一蹴《いっしゅう》し本陣を動かなかった。吉村や水郡といった土佐藩、河内勢隊士たちを中心とする後続隊は、まだ攻撃すら受けていない天ノ川辻本陣で、京都の情勢が再び尊攘派の手に戻るまで戦い続ける決意であった（「大和日記」）。

迫る幕府軍

追討命令を受けた紀州藩・津藩・彦根藩・郡山藩は、経験のない大規模な出兵準備に手間取り、その上互いに足並みを合わせつつ進軍してきたため、五條到着までかなりの日数を要している。

地理的に近い紀州藩が最も早く、天誅組後続隊が五條を引き払った八月二十八日朝に、先手の大番頭柴山太郎左衛門《しばやまたろうざえもん》が五、六百人の軍勢を連れて二見村《ふたみ》（奈良県五條市二見）へ入った。しかし終日二見村から動かず、翌日にようやく五條へ入り、家老水野多門《みずのたもん》も約千人の軍勢とともに続いた。紀州藩の先手が二十八日のうちに五條へ進軍していれば、後続隊は壊滅していたのではないか。

彦根藩は、八月二十六日に一番隊が出陣し、翌日に八木村《やぎ》（奈良県橿原市）まで進むと、三十日に高取藩領土佐村《とさ》（同県高市郡高取町）へ入った。九月一日には二番隊が出陣したほか、さらに九月二十日に三番隊が出陣している。津藩は、京都で蛤《はまぐり》御門《ごもん》の警衛に就いていた一隊と伊賀《いが》の一隊が、八月二十四日にそれぞれ五條へ向かっており、彦根藩と同様、翌九月二十日に三番隊が出陣している。津藩の一隊を率いる藤堂新七郎《しんしちろう》（津藩の重臣。藤堂氏傍流の出身）は、八月二十七日に土佐村へ寄り、高取藩から天誅組との戦闘の模様を詳しく聞いて郡山藩などと軍略を練り、三十日に今井村（五條市今井）に着陣した。郡山藩は八月二十七日に津藩に合わせて土佐村へ着陣したのち三日間留まり、三十日に下淵村《しもぶち》（奈良県吉野郡大淀町）へ進軍した（『会津藩庁記録』二）。

これらの四藩の動員だけでも相当なものであるが、長州藩が金剛山へ兵を出し天誅組と力を合わせる動きがある、との情報が入り、九月十二日に松平容保は、虚実は不明ながら万全の対策を講じた。河内国は加賀《かが》藩に、金剛山を中心とする周辺地域は熊本藩に、住吉《すみよし》（大阪府大阪市住吉区）や堺（同府堺市）は土佐藩に受け持たせて兵を配置させ、さらに大坂城代・和泉岸和田《きしわだ》藩・河内丹南《たんなん》藩・狭山藩・紀州藩へも、上記三藩と申し合わせて応援態勢を取るように命じた（『会津藩庁記録』二）。

五條へ向かった直接の追討軍は、津藩が約三千人（一番隊藤堂新七郎、二番隊藤堂玄蕃《げんば》）、彦根藩が約三千人（一番隊長野伊豆《ながのいず》、二番隊貫名筑後《ぬきなちくご》）、紀州藩が約二千人（一番隊柴山太郎左衛門、二番隊水野多門）、郡山藩が約二千人、小泉藩が四百から五百人である。それ以外に、高取藩・柳本藩・芝村藩・新庄藩・柳生藩・田原本藩の大和国全域が追加の出陣や厳戒態勢を取っている。畿内では摂津尼崎《あまがさき》藩・岸和田藩・狭山藩・近江膳所藩・大坂町奉行・京都町奉行が出動して主に河内国へ出張《でば》り、水郡善之祐邸の家宅捜索や河内勢として参加した者たちの家族、戻ってきた人夫の取り調べなどに当たった（『官武通紀《かんぶつうき》』第二）。河内国の警戒に当たった加賀藩・熊本藩・土佐藩も含めると、動員された藩は十八藩、総勢約一万五千人に及ぶとみられる。朝廷や幕府が、いかに事を重大と見て徹底的に詮索し、早期鎮圧を目指していたかが分かる。同時に、討幕を企てる者へ幕府権力の盤石さを見せつける意味があったのではないか。

突然の出陣命令と遠征は、戦経験のない各藩士にとって怖気《おぞけ》をふるうものであったようだ。

桜井寺に入った紀州藩両隊は夜中に二人の賊徒を捕らえたが、実際は賊徒ではなく村役人であった。しかも夜のうちに柴山隊は橋本《はしもと》へ、水野隊は和歌山《わかやま》へ逃げ戻るという失態を犯した。高野山《こうやさん》（和歌山県伊都郡高野町）では、天誅組が攻め入ってくるとの噂《うわさ》が立ち、高野山領の地侍《じざむらい》が鉄砲隊を組織した。高野山は天誅組の協力要請をいったんは請けたものの、反故《ほご》にして紀州藩側へ付いた経緯があり、戦々恐々だったようだ。夜中に二隊の鉄砲隊が奥の院から繰り出していったが、一隊が突如発砲したことから、敵の攻撃と錯覚し散々な同士討ちを繰り広げた。

このような緊張と混乱の上、遠征してくる各藩は地理的にも不安を抱えていた。郡山藩は京都守護職へ「五條は前後峻険な山間に吉野川を構える堅固の土地であり、南は紀州、西は金剛山があり、数カ所の通路はいずれも難所で郡山一藩の人数では厳重な手配が覚束《おぼつか》ない」と訴え出ており、隣接する紀州藩ですら「地利は勿論、敵の虚実等、一向相分からず」という有様で、消極的な姿勢が随所に見られた（『会津藩庁記録』二）。

松平容保の焦り

松平容保は大和国中へ偵察隊を派遣しており、天誅組や各藩の動向から風聞に至るまで、細かな情報を把握している。九月一日の時点で、追討各藩がいまだに天誅組を鎮圧できていないこと、十津川郷がいかに進軍するに難しい山間地であるかが報告されている。武家伝奏の野宮定功《ののみやさだいさ》からは「先日来の一揆蜂起《ほうき》について詳報がなく、叡慮を悩ませられている。寸刻も早く打捕《だほ》鎮静するように」と命じられており、容保は四藩へ「早々に退治し奏聞に達せられたい」と叱責をしている（『会津藩庁記録』二）。

遅々として進まない鎮圧に、相当な焦燥感があったようだ。不安要素は、騒動の大和国は京都に近く攻め上ってくる恐れがあること、峻険な十津川郷に立て籠もられると手出しが難しくなること、長引くと追討軍の兵糧に心配が出てくることなどで、おそらく容保は、京都への道を絶ちつつ十津川郷へ立て籠もる前に討ち取りたいと考えていたであろう。

京都町奉行は、諸藩が追討に出向いているとはいえ、そこから脱して賊が入京してくるかもしれないと考え、伏見奉行と相談して市中取り締まりを強化した。

第三章　幕府軍との戦い

本隊と後続隊の分裂

五條から引き揚げてきた後続隊が天ノ川辻《てんのかわつじ》本陣へ入った時には、中山忠光の本隊は既に引き払った後であった。翌八月二十九日の朝に伝令が来て、すぐに南下し本隊と合流するよう伝えてきたが、隊士たちは即時にこれを拒否し、本陣に腰を据えて追討各藩と戦う準備に取り掛かった。本陣にいたのは、総裁吉村虎太郎・那須信吾らの土佐藩士、小川佐吉・鶴田陶司ら久留米藩士、水郡《にごり》善之祐らの河内勢、十津川郷士《ごうし》若干名などで、本隊と比べて若く、文久二年（一八六二）の伏見挙兵や土佐藩の参政吉田東洋暗殺などを経てきた隊士たちであった。ここに、丹生川上《にうかわかみ》神社（奈良県吉野郡下市町）の橋本若狭《はしもとわかさ》が社家仲間や郎党を連れて新たに参戦している。橋本の一党は、勇敢さと周辺地利に詳しいことから重宝された。

隊士たちは、天ノ川辻本陣から五條の間の要所に砦《とりで》を築くと、毎晩のように篝火《かがりび》を焚《た》き空砲を打つなどして大軍の布陣に見せかけるなどの遊撃戦を展開した。紀州藩の脆弱《ぜいじゃく》な実態を知ると、五條の町の様子と紀州兵の偵察に隊士二人を派遣している。二人は堂々と紀州兵が引き払った後の桜井寺に乗り込み、五條の町を一通り見て回った。その後、隊士数十人が吉野川の対岸から紀州藩の陣所に向かって鉄砲を撃ちかけ挑発する大胆な行動に出ている。別の隊士は、紀州兵が駐屯している恋野《こいの》村（和歌山県橋本市）の陣所へ奇襲をかけ、武具や食糧を奪って陣所を焼き討ちし悠々と戻ってきてみせた（「本城久兵衛日記」）。

また、五條の領民に「逆賊松平容保《かたもり》が御所に不法に押し入り、天子を押し込め、勝手に紀州その他の諸大名に命じて五條へ軍勢を差し向けているが、正義の諸大名が日を置かずに大挙し、国賊を征伐して宸襟《しんきん》（天皇の心）を安んじるので、心配せず朝廷に精忠を励むよう」との触《ふれ》を「天ノ川辻御役所」の名前で出している（『会津藩庁記録』二）。

本隊が制圧した所領を離れ解散へ傾いているなか、後続隊士は一貫して「御政府」の立場を取り、天皇のもとに民があるという基本を正し続けた。

水野忠幹への書簡

追討軍の混乱と連携不足を見て取ってか、総裁吉村虎太郎は、九月一日付で紀州藩附家老であり新宮城主水野《みずの》忠幹《ただもと》宛てに書簡を送っている。「紀州藩正義派の者たちから、君公は上には朝廷を尊び下には小民をはぐくむ志を持っておられると聞いているので一筆申し上げる」と前置きした上で「八月十三日の攘夷親征行幸の沙汰があってから、中山前侍従が、このままでは叡慮貫徹するには覚束ないとして、我々有志を連れて大和国の賊徒を征し義士を募り正邪糾明の基本を正してきた」と自分たちの立場を述べている。そして「松平容保が宮門に乱入して天皇を取り込み、正義の公卿をことごとく退けたのは大逆無道であり、泣血《きゅうけつ》に堪えない。私欲に迷って加担した公卿や諸藩によって偽勅が出され、高取藩がこちらへ発砲した上、尊藩もまた大軍を出し大和の国民を悩ませている。これはいかなる間違いであろうか。君公の御家は御三家である。勤王の魁《さきがけ》となって功業を立て、将軍の罪を償うことが道であろう。仁義の人を賊徒に貶《おとし》めるなど天下の不幸である」と、紀州藩の行動を非難した（『南紀徳川史』第三巻）。

これが水野忠幹の手元へ渡ったか否か不明であるが、吉村は、本隊が新宮脱出案を決めている今、忠光だけでも水野忠幹に依頼して長州藩へなりと脱出させる腹があったのではないか。

藤堂新七郎への使者

追討軍四藩（紀州藩・津藩・彦根藩・郡山藩）の動きから、後続隊は五条を突破して大坂へ出られると判断し本隊へ知らせるとともに、隊士渋谷伊予作《しぶやいよさく》（伊与作とも）を津藩の五条陣所へ派遣した。あわよくば津藩を懐柔し、五条突破を容易《たやす》くしようと考えたと思われる。

使者に立った渋谷は、津藩の陣所で次の内容を堂々と述べて、津藩士を辟易《へきえき》とさせた。

「我々が五条へ発向してきた趣意は、八月十三日に決まった御親征に基づいて、義兵を募って鳳輦を守護するものであった。しかし松平容保らが逆意を企て不法に御所内に押し入り、恐れ多くも主上《しゅじょう》（天皇）を押し込め偽勅をもって四方へ号令したのである。同志や諸大名と申し合わせ、その逆賊を誅罰し宸襟を安んじたい思いで精誠尽力しているところである。それなのに、名のある藩がなぜか五条方面へ来られ、我々官軍に敵対行動を取っているように見える。念のために存意を伺いたい」。ここで言う「官軍」とは天誅組を、「名のある藩」とは津藩を指す。貴藩は何をしに五条へ向かってこられたのか、と揶揄《やゆ》している。

さらに渋谷は「追討は勅命だと言うが、八月十八日以後の勅命は真にあらず」と主張した。これが、天誅組が戦い続ける大義であった。しかし、いかに攘夷親征行幸の詔勅を是として筋を唱え、会津を「賊徒」と位置づけようとも、朝廷は天誅組を「賊徒」と見做しているのが現実であった。

弁の立つ渋谷に対して津藩士たちは「憤怒《ふんぬ》に耐えず」といった有様で、松平容保へ「如何《いかが》仕《つかまつ》るべきや」と伺っている（『会津藩庁記録』二）。津藩は渋谷を捕縛し、大和国の津藩領にある古市《ふるいち》陣屋（奈良県奈良市古市町）へ連行した。

十津川郷士を再糾合する

後続隊は、これまでの戦闘の手ごたえと追討軍の布陣から練った五条突破策を本隊へ知らせた。本隊の士気はこれで一時的に上がったようだ。解散、新宮脱出案をやめて天ノ川辻へ戻るべく動き出した。

追討軍四藩は、九月三日になってもまだ吉野川を越えて迫る気配がなく、津藩は桜井寺に、郡山藩は下淵村に、彦根藩は越部村《こしべむら》（奈良県吉野郡大淀町）に停滞したままで、紀州藩は橋本に退いていた（『会津藩庁記録』二）。唯一、吉野川の南に駐屯していたのは、高野山から来た紀州藩坂西又六《さかにしまたろく》の隊で、富貴村《ふき》（和歌山県伊都郡高野町）で陣を張っていた。

五條を突破するには、桜井寺に布陣する津兵と富貴村の紀州兵が問題であった。津藩には、渋谷伊予作を使者に立て動向を注視していたが、富貴村の紀州兵は、ある程度叩《たた》いておかなければ後ろから追撃される恐れがあった。

富貴村へは九月五日の夜に夜襲をかけ、民家二十軒ほどを焼き討ちしながら戦い、紀州兵を天狗木峠《てんぐぎ》（高野町）まで後退させている。峠は高野山まで直線距離で約四キロの場所であり、高野山にいた紀州兵は相当な危機感を持ったようだ。「当山の形勢、存外危急に相成り、これまでの御人数にては防戦覚束なく」と、和歌山へ急使を出して援軍を要請している（『南紀徳川史』第三巻）。

翌六日に本隊が天ノ川辻へ戻り、富貴村から隊士たちが戻ってくると、ここで全体軍議が開かれた。五條を一気に突破するため、本陣を天ノ川辻からより五條に近い北曽木村《ほくそぎ》（奈良県五條市）へ移すことが決定され、急遽、本陣の設営がなされた。一方で人数のみならず武器や弾薬も乏しい現状に、十津川郷士を再度糾合することになり使者が立てられた。郷士へ向けた「事情大略」と題する協力要請文は「このたび、中山殿が天下に布達して当国において義兵を挙げたところ、中川宮（青蓮院宮）や会津の命令で賊徒は日々増長している」「楠木正成のように賊滅の謀《はかりごと》を廻《めぐ》らせて忠力を尽くせば、天地に生気あり、必ず新田義貞《にったよしさだ》、児島高徳《こじまたかのり》、菊池武光《きくちたけみつ》の如《ごと》き英雄や勤王の義兵が連々として天下に起らんこと疑いなし」と強く述べている。現状を鎌倉幕府を倒し建武《けんむ》政権を樹立した後醍醐天皇の戦いになぞらえ、天皇やその皇子を助けた武将のように、人々が次々と立ち上がるだろうと奮起を促した。追討四藩が五條やその周辺に布陣したことで十津川郷へ物資の輸送が滞り始めていることにも言及し、自分たちが敵を蹴散《けち》らして郷中への米塩運送の手段を追々開くとし、「朝廷のために死力をもって尽くしてもらいたい、なお、百姓は決して騒がず農業に出精してもらいたい」と願った（『十津川記事』上）。

藤堂新七郎隊との戦い

九月七日、天ノ川辻を出て北曽木の陣所へ移動中、思いがけず津藩藤堂新七郎隊と激突した。五日に渋谷伊予作を使者に立てたものの、帰還もなく首尾も分からなかったところに津藩の進軍である。企ては破れ、五條突破は一層厳しくなった。

この時、津藩は渋谷の口上に辟易していた頃であり、吉野川の河原を固めて天誅組の北上を警戒し始めていた。他藩と同じく動かなかった新七郎隊がここで動き出した要因は、京都から使者が来て浪士追討を叱責してきたこと、藤堂玄蕃隊が後詰として五條へ到着したことであった。新七郎隊は七日夜明けとともに行動を起こし、一千名でもって五條から一路南下してきたのである。

構築していた砦のひとつ和田村《わだむら》砦（奈良県五條市西吉野町）への攻撃を受けた天誅組は、南の大日川《おびかわ》村（同町）へ撤退して兵を立て直した。新七郎隊は、天誅組が屯営所にしていた杉本《すぎもと》家の家宅捜索を行い、米などを押収するとともに周辺を念入りに探索している。

大日川村は、峻険な山崖《さんがい》に民家が張り付くように並んでおり、高所から西熊野街道はおろか、遠くは五條が一望できる要地である。大日川村に戦力を結集すると、下から攻め寄せる新七郎隊へ、防柵《ぼうさく》や林に拠った銃撃戦を展開した。新七郎隊はこの地形にてこずり、攻めあぐねた。

天誅組は兵を分けて西側の井楼《せいろう》（材木を組み上げた櫓《やぐら》）から敵の側面を攻撃し、狭路を押し進んできた新七郎隊を退却させている。新七郎隊は即座に軍容を立て直し、井楼へ石を放射し、新七郎自身が味方の銃撃を援護に少数で攻め上ってきたため、今度は天誅組が井楼と砦に使っていた民家から退いた。夕方に新七郎は攻撃をやめて退き、夜に五條へ帰陣した。

新七郎隊は終始地形に悩まされ、「敵は要害に引籠り、味方は地理悪《あ》しく、砲銃とも全く功を得ず残念至極候」とこぼしている。この戦いで新七郎隊は負傷者が四、五人程度であったが、天誅組は隊士二名と十津川郷士三、四名が重傷を負い、郷士一名が即死した（「大和の賊徒追討出陣日記」『伊賀市史』第五巻資料編近世）。

津藩主力隊の攻撃を凌《しの》いだことで、一時は解散再起に傾いていた本隊隊士たちの士気も上がったようだ。

彦根藩を迎え撃つ

九月七日の新七郎隊の進軍と同時に、下市《しもいち》（奈良県吉野郡下市町）に布陣していた彦根藩と、それに続く郡山藩が動き始めていた。同日夜、天誅組はこれを迎え撃つため、大日川にわずかな兵を残して白銀岳《しろがねだけ》（同県五條市西吉野町）へ移り、下市方面の防衛準備にかかった。防衛拠点は、樺ノ木《かばのき》峠（下市町梨子堂）と広橋《ひろはし》峠（同町広橋）の二カ所である。樺ノ木峠の堡《ほう》塁《るい》は栃原岳《とちはらだけ》の麓に深さ約一間《けん》（約一・八メートル）、長さ五十間（約九〇メートル）の溝を掘って土手を築いたもので、周囲には約二十カ所の柵などを設け、水郡善之祐が河内勢らの隊士と農兵を率い、広橋峠には橋本若狭が下市勢、農兵、十津川郷士を率いて守備に就いた。

兵站《へいたん》が置かれた天ノ川辻と白銀岳を拠点に、大日川、樺ノ木峠、広橋峠を前衛とした守りは広範囲に及び、敵の目を欺くため夜は各地で篝火を盛んに焚いた。その思惑通り、いまだ追討軍は天誅組の実態が摑めず、「数万人も籠り居り候体《てい》に相見え、事実一向相分かり申さず」といった有様であった（「天誅組合戦記」）。

紀州・彦根・津の三藩は、九月十日に全軍で天ノ川辻を総攻撃すると決定し、それまでに各藩は、眼前の砦や堡塁を潰《つぶ》すことになった。八日、下市に駐屯していた彦根藩一番隊が下市から丹生街道を南下し、樺ノ木峠の堡塁を攻撃してきた。彦根兵が大砲を撃ち込んでくるのに対し、天誅組は木砲《もくほう》（松などの木をくりぬいた砲身に石などを詰めて発射する）と小銃のみの防戦であったが、敵を寄せつけない奮闘を見せた。しかし別動隊が背後を突いてきたため支え切れなくなり、夕方には近隣の村に放火して撤退した。彦根兵が追撃してきたが、周囲一帯が起伏のある山中で、地理を把握していた隊士たちは、これを振り切って白銀岳の麓へ戻っている。

樺ノ木峠が攻撃を受けたとほぼ同時に、広橋峠も郡山兵の攻撃を受けている。橋本若狭は法泉寺《ほうせんじ》（下市町）で指揮を執って迎え撃ったが、郡山兵の応援部隊である小泉藩兵が西側から砲撃を始めたことで法泉寺や民家に火が及び、橋本らは南の長谷村《ながたに》（同町）まで退却した。九月九日、彦根兵が白銀岳北麓の平沼田村《ひらぬまた》（五條市西吉野町）まで攻めてきたところを、河内勢や本陣にいた隊士が銃撃戦を展開して防いでいる。

平沼田村で河内勢らが彦根兵と激戦中、藤堂新七郎隊が約六百人で再び大日川村砦を攻撃してきた。前回の小手調べ程度と違った本格的な攻撃に、防戦一方となった隊士は白銀岳の本隊へ応援を要請した。この砦が陥落すると五條へ打って出ることは不可能となる。本隊は白銀岳に数名を置くとすぐさま出動した。夕方に新七郎隊が兵を引いたため急場を凌いだが、包囲網は確実に狭まっており、隊士たちは危機感を募らせていった。

彦根藩陣営の焼き討ち

平沼田村で水郡善之祐らが奮戦し、大日川で津兵の猛攻を防いでいた九月九日、彦根藩二番隊が、東から迂回《うかい》して地蔵《じぞう》峠を越えて長谷村へ進軍して、広橋峠から退却していた橋本若狭の一隊を追撃してきた。同藩一番隊が長谷村の南に回り退路を断ってきたことで、橋本らは、長瀬《ながせ》村（奈良県吉野郡黒滝村）でこれを迎え撃った。狭い間道と山間の地で、大軍を容易に動かすことができない彦根兵に対して、地理を知り抜いた少数精鋭の橋本ら下市勢はこれを翻弄《ほんろう》したが、徐々に包囲網が狭められてくると、長谷村へ退却し橋本邸周辺に拠って防戦した。しかし激しい銃撃を前に撤退を余儀なくされ、白銀岳を目指して逃走した。彦根藩から幕府への報告書では「追討仕り候得共《そうらえども》、樹木生い繁《しげ》り山谷合隔て候間、取逃し申し候」とあり、山中を軽々と逃走する天誅組を相手に追撃できず、取り逃がす形となった（彦根藩井伊家文書『新修彦根市史』第八巻史料編近代一）。追撃を諦めた彦根兵は、橋本邸、近隣民家、丹生川上神社に放火し、栃原村《とちわら》の光円寺《こうえんじ》に陣を張った。

神社や自宅を放火され憤慨した橋本若狭は、二十数名の隊士を集めると、同日夜に下市の彦根藩後陣を襲撃した。吉野川対岸にいる郡山藩を牽制《けんせい》するため、十津川郷士の鉄砲隊を千《せん》石橋《ごくばし》に配置した後、午前二時頃に七、八カ所ある番所を襲撃すると、次々と民家に放火した。橋本は西迎院《さいこういん》の山門の石段の上で指揮を執り、住民の避難を促すとともに寺を焼くなと呼びかけていたという（『大和下市史』）。

現場は混乱を極めた。「昼の合戦に疲れ果て寝入りたる敵共、狼狽《ろうばい》騒ぎ右や左と十方を失い逃げ出でるを突殺し切倒し、或《ある》いは火煙の中に追込む、いずれも思う儘《まま》に働きける」と、右往左往する彦根兵を相手に存分に立ち回った。彦根兵は、「逃げようとして牽《ひ》き出す馬を奪い取られる者あり、赤裸で追われて助けを請う者あり」といった有様で、吉野川と山地に挟まれた狭い集落の中で焼死する者も少なくなかった（「大和日記」）。隊士たちは、藩の物資を大量に奪って悠々と白銀岳へ引き揚げた。この一晩で民家三百戸余りが焼失したとされる。

この下市の彦根藩陣所は前線へ武器や物資を送る兵站地で、五十五石の兵糧や武具が灰燼《かいじん》に帰した（『官武通紀』第二）。この損害によって、九月十日の三藩による天ノ川辻総攻撃の計画に齟齬《そご》をきたし、延期を余儀なくされている。

本隊の迷走と内部分裂

樺ノ木峠、平沼田村と、前線で彦根兵を食い止めていた水郡善之祐らが、夜襲から戻ってきた橋本若狭らと合流し白銀岳へ帰陣したのは、九月十日の朝であった。八日から連日戦い、この日の朝まで麓で警戒に当たっていたことになる。ここで本隊が大日川へ出撃し、藤堂新七郎隊と戦っていることを知らされて急行した。

大日川村では、九日の戦闘はかろうじて防衛し、新七郎隊が夕方にいったん引いて終わったものの、翌十日も同様の攻撃を受けていた。水郡や橋本らが援軍に駆け付けたことで、天誅組のほぼ全力でもって撃退に成功した。

この戦果で、五條を突破する案が再び浮上した。そこで水郡が河内勢などの隊士を率いて、退却する敵を追撃し丹原村《たんばら》（奈良県五條市丹原町）で陣を張った。ところが、ここで本隊の方針が再び後ろ向きになる。連日の戦闘で武器弾薬が払底し、あと一戦できるかどうかしか残っていなかったのである。九月十一日、五條突破をやめて十津川郷へ引き籠もる作戦へ変更され、本隊は天ノ川辻本陣へ戻った（「大和日記」）。

この作戦変更が、どういうわけか丹原村で本隊を待つ水郡らに伝達されなかった。作戦変更を知らされず前線に置き去りにされたことだけでなく、敵の攻撃に翻弄され朝令暮改を繰り返す本隊に、水郡は失望した。しかも天ノ川辻へ退去し十津川郷へ引き籠もるなど、「坐《ざ》して餓死を俟《ま》つに異ならず」と反対した。自らが率いていた農兵や郷士たちを本陣へ帰らせると、水郡はここで天誅組を離脱する決意をし、中山忠光へ書簡を送った。忠光を盟主に仰ぎ今まで戦ってきたが、自分の建策が用いられたことはなかったと不満を述べ、京都の情勢が変わりそうもない今、脱出して再挙の時機を待ちたいという決別の書簡であった（「故水郡善之祐紀長雄の履歴」『天誅組河内勢の研究』所収）。水郡に賛同した隊士は、河内勢だけでなく他藩士もおり、十二名になった。

中山忠光の側近の立場である総裁の松本奎堂、藤本鉄石や老齢の伴林光平《ともばやしみつひら》（河内国出身の国学者で、のちに天誅組の記録『南山踏雲録』を著述）などがいる本隊は、高取での敗戦以後、悲観的で後ろ向きの作戦を取ってきた。常に前線で戦ってきた隊士の首脳陣への不満と失望は、大なり小なりあったのではないか。

九月十一日、天誅組と決別した水郡善之祐ら十三名は、十津川郷士を案内役にして別路を取った。十津川郷から紀州領へ出て、熊野から船で脱出する計画であったとされる。

渋谷伊予作の口上

天ノ川辻本陣へ戻った九月十一日、連日の追討軍の攻撃がやんだ。橋本若狭らの下市焼き討ちが彦根藩に大損害を与え、十日に決行されようとしていた三藩の同時攻撃に支障をきたし、作戦が変更されたのである。十日の大日川村攻防戦も、天誅組は津兵を撃退したと考えていたが、総攻撃中止の伝令が入ったことで藤堂新七郎が兵を引いたのである。下市焼き討ちが、偶然にしろ結果的に三藩の作戦を一時的に破り、わずかとはいえ余裕を生んだことになる。

この事実は、天誅組が作戦通りに動いていれば五條を突破できたのではないかと想像させるが、この状況は後で分かったことであった。大日川村を撤退した時点では、十津川郷籠《ろう》城《じょう》策はまだ検討の余地があったと思われるが、籠城策を決定づけたのは、ひとつは先述の隊士離脱である。これは本隊にかなりの衝撃を与えたようだ。団結が崩れた上、水郡善之祐らは常に前線で戦ってきた精鋭で、相当な戦力低下となる。

もうひとつは、藤堂新七郎からの書簡であった。渋谷伊予作を遣わした返書に相当するもので、「天誅組が勤王であることは認めるが、現実は朝敵同様である。降参するなら、朝廷や京都守護職に対して取り成しをするが、降参しないなら、こちらも討伐の勅命を受けているのでやむを得ず攻める」と配慮を見せたのである（「大和日記」）。

藤堂新七郎の態度が軟化した要因は、渋谷の口上とその堂々たる態度であった。渋谷を取り調べた津藩は、天誅組を「真に乱臣賊子にもこれ無きと存じ奉り候」と、単なる賊徒ではないと結論づけるに至った。九月十三日付で津藩主藤堂高猷《とうどうたかゆき》は「彼を一時に打潰し候ては、如何にも無慚《むざん》の事と存じ奉り候間、矢張《やはり》、鎮撫の御沙汰に相成り候様、願い度《たく》」と、勇敢なる士を討つのは痛ましく、天誅組を「追討」するのではなく宥《なだ》め鎮める「鎮撫」の方針を採ってはどうかと、松平容保へ建言した（『孝明天皇紀』第四）。

藤堂高猷は、戦地が遠方であるので、命令が遅れては取り返しがつかなくなると考え、速やかに建言を施行ありたいと願った。政変以前の攘夷親征の詔勅を信じて戦う天誅組へ理解を示しながらも、戦地の兵への示しや他藩の行動なども考慮に入れなければならず、藩上層部の苦悩は相当なものがあったようだ。

配慮と苦悩が入り交じった藤堂新七郎の書簡に対し、天誅組は「我が正義徒は、形は暴であっても真心においては最も尊王攘夷の正義であり、勅命を偽り正義の士を刈ろうとする奸賊の命に従っている者の心こそ暴である」と反駁《はんばく》している。そして「そちらこそ我が旗下に降参し正義に従って朝廷に周旋すべき」と、志を曲げて降参するなどもってのほかである、そちらこそ勤王を尽くせ、と返した（『南山踏雲録』）。返書を受け取った藤堂新七郎は、藩上層部からの指示がまだないまま、他藩の手前、天誅組への攻撃を続行した。

天ノ川辻本陣の陥落

追討軍の本格化を察知した天誅組は、作戦を十津川郷籠城策に絞り、郷士へ向け「十津川郷を本城と定めて戦うので、郷士一同も奮起されたい」との趣旨の書簡を出した。九月十二日、本隊は十津川郷へ向かい、後続隊は天ノ川辻で本陣の後始末や物資搬入にかかった。

この日、紀州兵が富貴村から進軍を開始し、大日川村へ迫って井楼や民家約五十軒を焼き討ちして引き揚げている。翌十三日に藤堂新七郎の一番隊と藤堂玄蕃（津藩の重臣。藤堂氏傍流の出身）が率いる二番隊の両隊が進軍し、大日川村に陣を張った。同じ日に紀州兵も再び大日川村へ進軍し、家屋など五十軒を焼き払った（『天誅組合戦記』）。

この時点で両藩は、天誅組全軍が天ノ川辻と南の長殿村にいることを把握している。津兵二隊は、紀州勢がいったん富貴村の陣へ戻った後の九月十四日朝、天ノ川辻を目指して怒濤《どとう》の勢いで進軍を開始した。

富貴辻で敵の様子を見張っていた隊士たちは、急ぎ本陣へ戻り防戦態勢に入ったが支え切れるものではなく、午後二時頃に本陣屋敷に火を放つと一路十津川郷を目指して退却した。これまでの代官所領を朝廷直轄地とする宣言をし、後半は形ばかりではあったものの一貫して掲げてきた「新政府」は完全に瓦解《がかい》した。天誅組は十津川郷籠城しか道はなくなり、いよいよ外部から遮断《しゃだん》され、頼みの綱は十津川郷士のみとなったのである。

この津兵の進軍に、紀州兵は慌てて富貴村から天ノ川辻を目指したが、津兵の後塵《こうじん》を拝することになった。天ノ川辻へ着いた時、既に津兵が制圧した後で、仕方なく陣の外へ退いている。紀州藩の訴えによれば、津藩と同時攻撃をする約定があり、津藩が抜け駆けをしたという（『会津藩庁記録』二）。

真相は不明であるが、津兵の本陣攻撃で、双方とも負傷者すら出ていない。紀州兵を置き去りにした単独攻撃は、藤堂家が天誅組に寄せる心情と取れるのではないか。紀州兵がこれに加わっていれば、撤退するところを追撃し、全滅させていたかもしれない。果たして藤堂新七郎らは、追撃の素振りも見せず二日間も天ノ川辻へ留まり続け、進軍を開始したのは九月十七日になってからであった。

在京十津川郷士の帰郷

十津川郷へ入った本隊は、九月十三日に上野地《うえのじ》村（奈良県吉野郡十津川村）で滞陣を決めた。十津川を挟んで対岸の谷瀬《たにぜ》村（同村）には大塔宮護良親王《おおとうのみやもりよししんのう》（後醍醐天皇の皇子）が滞在した黒木御所《くろきのごしょ》跡があり、南の武蔵村には楠木正勝《くすのきまさかつ》（楠木正成の孫という）のものと伝えられる墓がある。この二カ所を終焉《しゅうえん》の地と定め、上野地から武蔵村にかけて最後の一大決戦をするつもりであったという(『十津川記事』上)。

しかし、既に十津川郷士側の状況は変わっていた。郷士たちが天誅組に協力していると知った郷士総代上平主税《かみだいらちから》らは八月二十六日の「中山侍従と名乗る者たちは暴逆の徒で、郷士たちは早々に彼らのもとを逃れて上京してくるように」の沙汰を受けて、千葉《ちば》定之介や丸田《まるた》藤左衛門《とうざえもん》ら十名の郷士を京都から急遽帰郷させていたのである。

十津川郷は、追討軍によって四方を囲まれ道は遮断されており、容易に帰郷できない状態にあった。総代たちはまず高取藩へ出向き、朝命によって帰郷する旨を訴え、東熊野街道を南下し北山《きたやま》郷から大峰山系を越えて郷中に入った(『十津川記事』上)。

郷内は、野崎主計《かずえ》らの主導のもと、天誅組の主張する攘夷親征の詔勅の正当性と京都の情勢の挽回《ばんかい》を信じ、ともに大日川で津兵を相手に戦っている頃であった。朝命を伝えられる雰囲気ではなく、帰郷した総代たちは郷中の分離を図るべく水面下で動き始めた。

九月五日に朝廷から「十津川郷、往古以来勤王の志情いよいよ相励み尽力し、早々追討これ有るべく」と、天誅組を追討せよという厳しい命が出された。上平主税はさらに、自身も含め十七名の帰郷隊を結成した。一隊は、青蓮院宮に仕えていた紀州藩脱藩伊達宗興《だてむねおき》の周旋によって高野山を南下して郷中に入った。一隊は上平が率いて津藩を頼り、吉野郡鷲家口《わしかぐち》村(吉野郡東吉野村)から北山郷を経由して、十四日にようやく帰郷した。郷の中心人物である上平が帰郷したことで、天誅組離反への説得工作は本格化した。

十津川郷士の退去勧告

密かに村々の総代たちを集めた上平主税は、朝廷の沙汰を伝え、今後の方針について議論した。郷士たちはここで初めて京都の情勢を知り、天誅組が賊軍となっていると知ったのである。突然に真の詔勅は天誅組の追討であると聞かされても、彼らを見捨てることに異議を唱える者が多く、場は紛糾した。結論が出ないなか、追討四藩は郷を包囲し始めており、物資の輸送が絶え、生活基盤は失われつつあった。

上平は天誅組隊士で旧知の乾十郎と、当初から天誅組に賛同し行動している野崎主計を呼び出した。そして、朝廷から天誅組追討命令が出ていると告げ、協同を続けていれば郷士も朝敵と見做されること、郷中が包囲されれば生活物資が途絶えること、戦《いくさ》になると放火掠《りゃく》奪《だつ》等で村民の生活が破壊されることなど、天誅組の動静に郷の存亡がかかっていると説明し、「願わくは、諸君宜《よろ》しく我が郷の為《ため》に遠慮ありて、穏やかに退去の計を進められんことを」と述べた（『十津川記事』上）。自分たちは天誅組を討たないかわりに穏やかに退去してもらいたい。これが上平ら総代たちが出した結論であった。乾十郎は本陣へ戻って報告をした。

ここで十津川郷士は天誅組から離脱することになったが、野崎をはじめとして協同を推進してきた総代の深瀬繁理、田中主馬蔵《しゅめぞう》などは陣中に残っている。朝廷の追討命令に最も衝撃を受けたのは野崎であった。率先して郷全体を天誅組との運命共同体へ率いてきただけに、郷の置かれた苦境に煩悶《はんもん》した。後日、天誅組の郷中退去を見届けたのち、「今回のことはすべて私が周旋したことであり、死をもってお詫び申し上げる。ついては、格別の御仁政をもって郷の由緒が続くよう願い上げる」との嘆願書を残して自刃した。野崎が最も苦悶したのは、長く勤王の由緒を誇ってきた十津川郷が、朝敵の汚名を残してしまうことであった。野崎の辞世がある。

討つ人も討たるる人も心せよ　同じ御国《みくに》の御民《みたみ》なりせば

解散と郷外退去

退去勧告を受けた翌日の九月十五日、中山忠光は本陣の全隊士へ解散を言い渡した。津兵の追撃を警戒しながら退却中の後続隊が上野地村へ到着していなかったが、事は急を要した。苦渋の決断には違いないが、天誅組と郷士のいわば同士討ちを避けるためにも、追討軍の進軍の名分を失わせるためにも、方法は解散と退去しかなかった。それが、追討に転ずることを良しとせず見逃す決断を下した、郷士の配慮に報いる道であった。

これによって郷士たちは、もはや存在しない天誅組を討つ必要もなく、追討四藩に郷内に踏み込まれることもなく、戦は回避できると思われた。

本隊へ後続隊が合流したのは、翌十六日であった。十津川郷に籠城して一戦する方針が一転したどころか、既に解散に至ったことに落胆したが、後続隊を率いてきた吉村虎太郎は、高取藩への夜襲で負傷して以来、駕籠《かご》がなければ移動できない状態であった。本隊に属していた総裁の松本奎堂も、もともと隻眼《せきがん》であったのが長い行軍生活で両目とも不自由になり、自力での歩行は困難であった。彼ら以外にも負傷者は多く、四藩を相手に抗戦などできる状態ではなかった。

九月十六日のうちに上野地村を離れて南下したが、これに郷士総代田中主馬蔵らが郷外退去を見届ける役目で同行している。十八日に下葛川《しもくずがわ》村（奈良県吉野郡十津川村神下《こうか》）へ出ると、新宮への脱出路を検討した。田中主馬蔵らが隊士の代わりに探索に出たが、国境を警戒していた紀州兵に捕らえられている。

新宮への脱出は諦めざるを得ず、北山郷へ出る道を取ると笠捨山《かさすてやま》を越えにかかった。この山越えは、疲労した隊士たちをひどく悩ませた。笠捨山は大峰山系のひとつで、標高は一三五三メートルである。登り十二キロ、下り十二キロの難路は「高屏《こうへい》と聳《そびえ》たる絶頂には戦々として足進まず」「実に人跡絶たる所、鳥獣の及ばざる所」という有様で、隊士たちの生気は徐々に奪われていった（「大和日記」）。山中野宿をして凌ぎながら、九月二十日に北山郷浦《うら》向村《むかい》（吉野郡下北山村）へ着いている。

一方、解散後、伴林光平など数名の隊士は本隊を離れ、郷士深瀬繁理を案内役として別行動で十津川郷を脱出していった。こちらも疲労困憊《こんぱい》で、嫁越峠《よめこし》を経て前鬼村《ぜんき》（吉野郡下北山村）、白川村《しらかわ》（同郡上北山村）へ出ると、深瀬繁理と別れて本隊より先に東熊野街道を北上している。

これで本隊総勢が、十津川郷退去を完了したことになる。最後まで天誅組に心を寄せた郷士たちも多く「時に我が郷人、自ら心情の忍び難きところあり、窃《ひそか》に北山の近境まで従行し別れを告げて帰りし者もあり」といった状況であった（『十津川記事』上）。

追討軍の狼藉

天誅組解散後の九月十七日、津兵が郷内へ進軍してきたとの知らせが上平主税へ入った。上平ら数名は長殿村へ急行して藤堂新七郎へ、自分たちも天誅組追討の命を受けた同じ立場であること、昨今彼らは郷中から退去したことを述べ、これ以上の進軍は中止されたいと強く申し入れた。

藤堂新七郎を説き伏せている間に、郡山兵と彦根兵が後方から進軍し、紀州兵もまた神納川《かんのがわ》上流から郷内へ進軍していた。四藩の中で、最も村民に乱暴を働いたのは紀州兵と彦根兵であった。天誅組に味方した腹いせに村に火を放って民家一戸を焼き、掠奪し、郷士十数名を捕らえて国元へ連行した。郷士たちの最も恐れたことが起き始めており、上平らは野崎の嘆願遺書を持って、藤堂新七郎へ朝廷への謝罪の取り成しを依頼し、これらの惨状を訴えた。九月二十七日、朝廷から藤堂家を通じて「郷士たちが天誅組に与《くみ》したことは本来罰せられるべきであるが、甚だ不憫《ふびん》である」との沙汰が下されている（『十津川記事』上）。津藩は新七郎隊に本隊を追撃させると、二十八日には郷内に残っていた兵を引き揚げた。郡山藩もそれに倣《なら》ったが、紀州藩と彦根藩の兵は、その後も乱暴狼藉《ろうぜき》を働いた。

郷士側はこのような二藩と比べて天誅組を「形勢の止《や》むを得ざるを察し、快く我が郷士を退去せり」と好意的に捉えている（『十津川記事』上）。上平の訴えにより、朝廷は十月八日に十津川郷鎮撫使を遣わして郷中を巡回させた。これによって高取藩や紀州藩に捕らえられていた郷士たちも解放され、十津川郷はようやく元の生活に戻った。

河内勢の末路

九月十一日に天誅組と決別した水郡善之祐ら十三名は、郷士総代の田中主馬蔵を頼って大和国を脱出すべく、上湯川村《かみゆかわ》（奈良県吉野郡十津川村上湯川）の田中邸を目指した。主馬蔵は、野崎主計とともに当初から天誅組に協同していた人物である。この時期、郷外退去をする天誅組本隊に付き添っている最中《さなか》であった。

水郡らが田中邸に着いたのは十六日である。京都から帰郷した上平主税らが郷全域に、朝廷から出された追討命令を伝え、協同を中止するよう呼びかけていた。これらの事情を知らない水郡らを迎えたのは、主馬蔵の弟勇三郎《ゆうざぶろう》であった。天誅組に否定的であった勇三郎は、追討命令に従って彼らを討ち取る企てをした。新宮方面への脱出を考えているという水郡らを十津川郷と紀州藩領の国境へ案内し、紀州兵の屯営のある村へ出るように誘導した。郷士の離反があったと知らない水郡らは、これを信用して進み、村へ入るなり紀州兵の銃撃を受けている。

二日間を山中で彷徨《さまよ》い、這《ほ》う這《ほ》うの体で田中邸へ戻った水郡らを、勇三郎は、今度は山小屋へ案内し酒食でもてなし、快飲飽食して休んだところに火薬を投げ入れて焼殺しようとした。ここに至って水郡らは、郷士たちが天誅組の敵となり自分たちを討ち果たす企てであると知った。

小屋から逃げ出た水郡は、銃撃する勇三郎に大声で「汝《なんじ》ら、義に逆らい情に悖《もと》り我が党を欺きて死に致さんと謀る。何ぞ其《そ》の所為の怯《きょう》なるや」と、欺いて殺そうなど義も情もなく卑怯であると詰《なじ》ったが、勇三郎は「勅命である」と連呼して逃げ去っている（「故水郡善之祐紀長雄の履歴」『天誅組河内勢の研究』所収）。もはや十津川郷士を頼ることはできず、水郡らは紀州藩領へ向かった。銃撃で負傷した者もおり山中の逃避行は困難を極め、小又川村《こまたがわ》（和歌山県田辺市龍神村）へ出た時には八人となっていた。山中で留まれば餓死し進めば敵地という状況のなか、水郡らは幕府の刑場で天下に自分たちの大義名分を訴える決意で、同藩屯所へ自首した。捕らわれて和歌山へ護送されたのち、十月に京都町奉行へ送致され、六角獄舎《ろっかくごくしゃ》（京都市中京区）へ投獄されている。

郷外退去その後

笠捨山を越えて北山郷に出た天誅組は負傷者が多くいた。上池原村《かみいけはら》（奈良県吉野郡下北山村）で熊野方面へ出る道筋を探ったが、駕籠や荷物を抱えての通行は不可能で、そのまま東熊野街道を北上している。九月二十一日には白川村林泉寺《りんせんじ》へ入り二日間滞在したが、この間、解散後に本隊と別れた伴林光平ら数名の隊士を追撃してきた津兵が、天誅組の用をしていた人足を捕らえた。白川村の村人たちは恐怖して村から逃亡し、出発する朝には人足はひとりもいなかったという。この時点で、駕籠で移動せざるを得ない重傷者は十名になっており、人足がいない状態では進むことができず、隊士たちは武具や荷駄を寺の本堂に積み上げ、寺もろとも焼却した（「大和日記」）。

東熊野街道最大の難所とされる伯母峯《おばみね》峠を越える頃には隊列は乱れ、重傷者は列のはるか後方にあった。先頭の隊士が川上郷《かわかみ》へ入ったのは九月二十三日夕方で、ここで伯母谷《おばたに》村（吉野郡川上村）の庄屋たちが村民を指揮して疲労困憊の隊士を出迎え、重傷者を引き取っている。村庄屋の聞き書き文書によると、川上郷の民は後南朝《ごなんちょう》（吉野で北朝へ抵抗を続けた、南朝の皇子の系統）の遺民であり勤王の天誅組を助けるのは当然の務めであるとして、隊士たちの世話をしたという。二十四日、先に壮健な隊士たちが出立《しゅったつ》し武木《たけぎ》村（川上村）へ向かったが、この時点で人数は三十名程度であったようだ。武木村の庄屋たちも快く隊士を迎え、座敷で昼食を供している。

追討四藩は天誅組の動向を察知しており、討ち取る手筈を着々と整えていた。十津川郷から追撃してきた藤堂新七郎隊は、天誅組より四日遅れの二十四日に浦向村に到着し、翌二十五日は伯母峯峠まで進軍して山中で野陣を張った。川上郷へ入り武木村に宿陣したのは二十六日であり、天誅組との距離は二日に狭まっていた。四藩は天誅組が東熊野街道を逸《そ》れて小川郷鷲家口村へ出ると予測し、それぞれ別動隊を集結させ天誅組の正面を遮断し挟撃する作戦に出た。

壊滅と総裁の最期

鷲家口村では、彦根藩が天誅組を一網打尽にしようと待ち受け、その北の鷲家《わしか》村（奈良県吉野郡東吉野村）には津藩、紀州藩が同様に警戒網を張っていた。

武木村を出た天誅組は、九月二十四日夕方に鷲家口村へ向から足ノ郷《あしのこ》峠の途中で最後の軍議を開いたという。この先の彦根藩の陣所を突破して主将の中山忠光を逃がす作戦が話し合われたようだ。夜になって那須信吾らわずか六名の隊士が突如彦根藩の陣所へ斬り込みをかけ、獅子《しし》奮迅《ふんじん》の働きで中山忠光を守る本隊の道を切り開いた。本隊は、隊士たちの奮戦を横目に彦根藩の本陣脇《わき》を遮二無二《しゃにむに》走り抜けて北へ向かった。そのまま進めば紀州兵と津兵の警戒網にかかるため、道を逸れて山中へ分け入っている。

各藩は、周辺の大規模な捜索を開始した。本隊から遅れ駕籠で移動していた松本奎堂と付き添っていた藤本鉄石は、鷲家口村へ向かわずに東へ道を取った。高見川《たかみがわ》を北上し二十四日に伊豆尾《いずお》村（東吉野村）の庄屋宅へ潜伏したが、翌二十五日に紀州兵にすぐさま探知されている。松本は人足の担ぐ駕籠に乗って庄屋宅を出たが、捜索に来た紀州兵に追尾され、萩原《はぎわら》村（東吉野村）の山中で討たれた（『南紀徳川史』第三巻）。

藤本鉄石は、庄屋宅を出て松本奎堂と別れた後、従者を連れて伊勢南街道（和歌山から三重県松阪市へ通じる街道）へ出た。街道は紀州兵が警戒をしており、ここで藤本は紀州兵ひとりを討ち取っている。その後、伊勢方面へ脱出せずに反対の鷲家村へ戻り、二十五日夕方に紀州藩の脇本陣へ従者とともに斬り込み戦死した。

吉村虎太郎は、松本奎堂と同様、駕籠の移動で隊列の後方におり、二十四日に鷲家口村へ降りる道を避けると木津川村《こつかわ》（東吉野村）の庄屋宅へ身を寄せた。二十六日夜まで潜伏していたが、追討軍の探索が迫り宅を辞すと鷲家口村へ出た。山中の小屋で休んでいたところ、村人の注進で駆け付けた津兵に討たれた。先に彦根藩陣所へ斬り込んだ六名の隊士も、みな戦死している。

三人の総裁をはじめ討死した隊士は十三名に及び、その首は京都へ送られ「賊徒」として粟田口《あわたぐち》刑場（京都市山科区）に晒された。「此者共、徒党を結び重き偽名を称し、人民を惑わし逆威を振い、近畿を憚《はばか》らず、大和国において乱暴致し不届き至極」との罪状が付けられた（『会津藩庁記録』三）。

大坂長州藩邸へ入る

これらの犠牲のなかで、彦根藩、津藩の警戒網をすり抜けた本隊は、中山忠光と隊士十七人であった（「大和日記」）。この中に、土佐藩の池内蔵太《くらた》や真木和泉の門下生酒井伝次郎・半田門吉《かどきち》などがいる。一行は三隊に分かれて大坂あるいは京都を目指したが、警戒に当たっていた津藩や芝村藩の兵に次々と捕らえられた。このうち、池内蔵太は独自に潜行し、京都へ辿り着いている。

最後まで忠光のそばに残ったのは、上田宗児・伊吹周吉《いぶきしゅうきち》（石田英吉《いしだえいきち》の変名。土佐藩脱藩）・島浪間《しまなみま》（土佐藩脱藩）・半田門吉・山口松蔵《やまぐちまつぞう》（半田門吉の家来）・万吉（安積五郎の家来）の六名のみになっていた。周囲を警戒しながら、昼に休み夜に進む逃避行は「その千辛万苦実に筆紙に尽し難く、大将中山卿、何とも口には宣《のたま》わざれども、いか計《ばか》り苦しく思召《おぼしめ》すらんと押計《おしはか》られて、古大塔宮の熊野へ落《おち》させ給いしも斯《かく》やと思い遣《やら》れて哀《あわれ》なり」といった有様であった（「大和日記」）。言葉に尽くし難い辛苦の中でも、忠光は苦しさを口にすることはなく、その姿は大塔宮護良親王を彷彿《ほうふつ》とさせたという。

九月二十四日夜から慎重な逃避行を続けた忠光ら七名は、二十七日、大和国と河内国の境である竹内峠《たけのうち》へ辿り着いている。四、五日前に、周辺に出陣していた追討軍が引き揚げていったと聞いた忠光らは、ようやく警戒網から脱したことを知った。峠の茶屋で堂々と休憩をし、通りかかった高取藩士へ「我々は天誅組である」と名乗る余裕まで見せている。「こちらは七名、そのほうはひとりなので立ち合いは致すまい」とからかい、高取藩士が逃げていくのを大笑いしながら見送ると、その日のうちに大坂長州藩邸へ入った（「大和日記」）。池内蔵太のように、個々に追討各藩の警戒網を潜り抜けた若干名の隊士たちもまた、それぞれに大坂や京都に潜伏した。

長州本国へ逃れる

中山忠光ら七名が大坂へ入った様子は、すぐに町奉行に探知されている。忠光らは近江屋《おうみや》市次郎が営む旅籠《はたご》へ入り、酒肴《しゅこう》、風呂《ふろ》、衣服、船の用意を頼んだ。一行の風体の怪しさに市次郎は大坂町奉行へ通報し、西町奉行所はすぐに捕物《とりもの》の態勢に入った。それを察知したのか、忠光らは俄《にわ》かに酒肴と風呂を断り、船の用意を急がせて近江屋を出ている。奉行所役人が密かに行先を追っていったところ、一行が長州藩邸へ入るのを確認した（『会津藩庁記録』二）。

翌日になって西町奉行所は長州藩邸の留守居代を呼び出し、召し捕りの対象に似た一行が藩邸に入ったのを目撃したので、こちらへ差し出すよう要求した。これに長州藩側は次のような申し開きをして誤魔化している。「確かに昨夜、いずれの藩中か分からない人物が留守居役へ会いたいと申し出てきたが、いない旨を伝えると出立し何方《いずかた》へか立ち去った。夜のことでもあり面体や年齢なども覚えていない」。奉行所は、これ以上の追及はできず引き下がっている（『会津藩庁記録』二）。

一方、津藩でも中山忠光の行方を追尾していた。大坂へ逃れたとの情報が入り、津藩撤兵隊長を務める町井《まちい》治《おさむ》が一隊を率いて急行した。町井は、大和国中に逃れてくる天誅組残党を捕縛するため派遣され、隊士を次々と捕縛している。

忠光らが長州藩邸へ入ったとの確証を摑んだ町井は、古市陣屋の藤堂玄蕃へ宛て「長州屋敷へ切込み雌雄を決し、もし本望を相遂げ申さず候わば、皆討死と覚悟仕り候」との決意を述べ、津藩の名誉のためにも何が何でも忠光を討ち取りたいとの執念を見せた（『史談会速記録』第八十九輯）。藤堂玄蕃は、長州藩との衝突を避けるために町井と彼が率いる隊を津藩大坂藩邸へ禁足して探索を中止させ、朝廷へ報告をした。朝廷は九月二十八日に長州藩へ、浪士どもが藩邸へ来たら搦《から》め取って藤堂の討手《うって》の者へ引き渡すようにとの命を下した。

この一件は、大坂町奉行と津藩のみならず、朝廷の命を受けた紀州藩・薩摩藩までが連携して中山忠光の捕縛に乗り出し、長州藩邸内の捜索を迫るまでになった。実際には長州藩を相手に騒乱になりかねない、と危惧《きぐ》され実行に至らなかったが、忠光の捕縛は一連の天誅組の始末の中で最重要事項であった。

長州藩邸の留守居の宍戸九郎兵衛《ししどくろべえ》は、忠光らを藩邸へ入った二十七日の夜に船で長州本国へ逃がしており、藩邸内を捜索されたところで何ら証拠が出るわけでもないため「朝廷から嫌疑を蒙《こうむ》る謂《い》われはない」と強気に出ている。結局、既に忠光らが船で藩邸を脱出したらしいと捕吏にも分かり、追及は有耶無耶《うやむや》に終わっている。

忠光らが長州の三田尻へ着いたのは十月五日であった（『豊北町史』二）。その後、長州藩の計らいで家老益田親施《ちかのぶ》の領地である弥富《やどみ》村（山口県萩市）に潜伏した。

津藩の幕府への嘆願

鷲家口から大和国中へ脱出した隊士たちは、津藩の古市陣屋から応援に駆け付けた兵によって討たれ、あるいは捕縛された。捕縛された隊士は酒井伝次郎・鶴田陶司・安積五郎ら十一名で、京都へ連行されている。

十月七日、十一名は津藩主藤堂高猷へ一通の嘆願書を出した。天誅組が事を起こすに至った胸の内が切々と認《したた》められた内容である。「私共、従来一毫《いちごう》も私心を以《もっ》て事を起こし候義にはこれ無く、実に皇威の不振を傷み深く叡慮の貫徹せざるを嘆き、戎虜腥羶《じゅうりょせいせん》の跋扈《ばっこ》を憤り、万民塗炭の苦しみを憫《あわ》れみ、感慨至痛肝腸《かんちょう》つんざく如く偸安《とうあん》座視するに忍びず、奮然義挙を以て天下の義気を鼓動し、神州の正気を恢復《かいふく》仕りたく赤心誓いて相興る所」(「津藩大和出兵の事実」『史談会速記録』第八十九輯所収)。

要約すると以下になる。自分たちは私心で事を起こしたのではない。朝廷の式微を嘆き外国の振舞に憤り、万民の苦しみを憐れに思うにつれ、その心痛は内臓を貫くようであり、黙って見ていることができず、兵を挙げて天下の義心を鼓舞し、国体を回復したい赤心のみで起こしたのである。

天誅組の主意はこの訴えに凝縮されているといってよいだろう。決起の目的は攘夷親征行幸に基づく幕府領平定と親兵(義兵)の徴集で、親征を助け討幕の軍を興すことであった。

朝政が一転し行幸が中止になってもそれが揺らがなかったのは、尊王攘夷が思想の根底にあり、序章で述べたように、天皇が民安かれと祈る心と同じく「民の苦しみを憐れに思う心」の発露であり、国体の回復であり討幕挙兵であった。とはいえ、在野の有志集団特有の弊害もあった。彼らは身分も出身地もさまざまな者たちであり、実際の戦いの中では、内部分裂や民家への放火等の軍令違反があった。それでも、この討幕蜂起が世間の注目を集めたことは間違いない。

彼らは国法に従い従容《しょうよう》として死に就く覚悟を示し、「津藩の役人たちは礼があり法があり、平素の風儀に感じ入る」と、同じ死ぬなら津藩の裁きを仰ぎたいと願った。津藩側も深く感じ入り、幕府への引き渡しを回避すべく手を尽くした。藤堂高猷は、尊王攘夷を一途に考えた末に起こしたものであり皇国の罪人とはいえず、討死した者には家名が立つようにし、捕縛した者には死罪を赦免されたい、と幕府へ訴えた（「津藩大和出兵の事実」）。

このような嘆願が聞き入れられることはなく、十一名は、藩の手から京都町奉行へ引き渡され、別途捕縛された隊士たちとともに六角獄舎へ投獄されている。

第四章　但馬国生野の挙兵

但馬農兵組立の計画

文久二年（一八六二）四月の伏見挙兵が島津久光によって潰され、有馬新七らの誠忠組が寺田屋で上意討ちに遭ったのち、これに連座し幽閉されていた薩摩藩士の美玉三平は、藩邸を脱出して江戸へ逃れていた。文久三年、但馬国の城崎《きのさき》温泉（兵庫県豊岡市）へ潜伏すると、有志を集めて農兵組立を計画した。京都や大和から程近く、勤王の気風があり有志の多い但馬国の土地柄に期待を寄せたのである。美玉の計画に賛同し協力したのは、高田《たかた》村（兵庫県朝来市和田山町高田）の大庄屋中島太郎兵衛《なかじまたろべえ》、養父《やぶ》郡の儒学者池田草庵《いけだそうあん》の門下生で能座《のうざ》村（同県養父市）の庄屋の北垣晋太郎《きたがきしんたろう》（のち北垣国道《くにみち》と改名）、養父市場《やぶいちば》村（養父市）に滞在している元膳所《ぜぜ》藩士の本多素行《ほんだそこう》らである。

農兵は、農民に軍事訓練を施し有事の際に武士の補充的な役割をさせる。外国船到来が引き起こす諸問題、領地の治安維持、海岸防御に対応するには、武士だけでは人員不足で、農兵の組織化が急務になっていた。文久三年には、幕府が伊豆韮山《にらやま》代官の江川太郎左衛門英龍《えがわたろうざえもんひでたつ》へ農兵組立を命じている。各地の幕府領、諸藩でも取り組まれていくが、農民が支配者層へ抵抗する力を与える危険性を持つことにもなる。

北垣らの思惑は尊王攘夷のための兵力を作ることにあり、北垣自身が「農兵を拵《こしら》えてひとつ力を造らなければとても尊王攘夷を唱えてみたところが何も役に立たない」と述べている（「但馬一挙の真相」『維新史料編纂会第三回講演速記録』）。

美玉らは、京都で医業を営んでいる西村敬蔵《にしむらけいぞう》を頼って上京した。西村は但馬国出身で、薩摩藩に殺害された田中河内介と義兄弟の契りを交わし、志士たちに多大な援助をしていた人物である。この繫がりから幕臣の山岡鉄舟を通じて農兵組立の幕府の許可を得ることに成功している。朝廷へは平野国臣や真木和泉を通じて学習院へ上奏し、三条実美《さねとみ》から農兵組立指令を得た（『尊王実記』）。その直後に中山忠光らが天誅組を結成して五條代官所に討ち入り、文久三年八月十八日に中川宮・薩摩藩・会津藩による政変があり、三条は失脚して他の公卿とともに長州藩へ西下した。三条が発した農兵組立指令は宙に浮いた状態になる。

代官公認の農兵組立

但馬国の生野《いくの》代官所（兵庫県朝来市生野町口銀谷）は、約六万四千石の所領に銀山を有する。江戸時代を通じて代官の苛政《かせい》に耐えかねた領民による一揆が頻発していた土地であり、特に元文《げんぶん》三年（一七三八）には、坑夫の待遇改善と産出する銅値の引き上げを要求した銀山坑夫や山師《やまし》（鉱山の経営者）らの一揆、年貢引き下げを求める農民一揆が立て続けに起こっている。農民一揆の際、代官は一揆勢の鎮圧に姫路藩の応援を求めるほどで、なかなか治めにくい土地柄であったようだ。

美玉三平らの運動が功を奏し、幕府から生野代官所へ農兵組立の見込みを調べるように命が下された。生野代官の川上猪太郎《かわかみいたろう》は文久三年（一八六三）八月十一日に着任したばかりであった。川上は、土地人情が分かりかねる状態で自分が農兵募集を行うよりは、土地の者に任せたほうがよいと判断し、本多素行に周旋を一任した。本多は普化僧《ふけそう》（虚無僧《こむそう》とも。尺八を吹いて諸国を巡行した）になって生野代官の所領に長年住んでおり役人の信頼を得ていた。本多の「農兵をもって、外には外夷襲来の防御とし内には不意乱暴の備えとする」の建言を容《い》れ、武具購入や訓練の道場建設など農兵組立にかかる費用を代官所

から貸し出すことなどを取り決めた。生野で五條のような不測の事態が起これば防ぎようがないため、代官所警衛や治安維持のためにも自前の兵力を持つ必要性を強く感じたのである。

ここで川上はひとつの危惧を抱いている。本多が、農兵組立の勅諚を受けた美玉三平が但馬へ来ていることを説明し、美玉と面会してくれるよう申し出たことである。川上は、農兵組立は幕府から命じられているものであるとして「勅諚の真偽は敢《あえ》て頓着《とんちゃく》致さず」と返答し面会を断っている。しかし、川上はこの一件を不審に思ったようだ。彼らが勅諚などと言って農兵を募れば、尊王攘夷の浪士たちが集まるのではないかと不安を覚えた。川上は農兵組立の見込みを幕府へ返答してその下知を待つ間、既に本多らの主導で始まった募集や訓練を後押ししながらも、村々へ自身で検見《けみ》廻村《かいそん》しながら「万一、陣屋に非常時が起きた場合はすぐさま出張するよう」申し諭していった（「浪花江草《なにわえぐさ》」坤《こん》）。

このように代官側と本多や美玉の思惑は最初からまったく別のものであった。文久三年（一八六三）九月五日、最初の農兵組立会議が開かれた。美玉三平・本多素行・中島太郎兵衛・進藤俊三郎《しんどうしゅんざぶろう》（豪農出身の志士。のち原六郎《はらろくろう》と改名）など三十余名に、代官所から派遣された地役人《じやくにん》（土着の役人）二名、各村の豪農や村役人が参加して農兵募集規則などが決められた（小山六郎「但馬義挙実記」『維新日乗纂輯』第二所収）。農兵組立を早く実現させたい美玉や本多らに対し、村役人側から慎重論が出て議論は紛糾したが、川上代官の指示もあって、実現へ向けた募集に美玉・中島らが当たることになって閉会した。代官所の指導もあって、村では豊岡《とよおか》藩の剣術指導者を招くなどして定期的に集まって稽古《けいこ》を行う若者が相次ぎ、熱心な豪商や村役人に至っては自前で武具を購入する者もいた。

天誅組救援へ

五條から帰京した平野国臣は在京の長州藩士野村和作《のむらわさく》（靖《やすし》）らと協議をし、朝政を再度転覆する方策を話し合った。それには天誅組の救援が第一であるとの意見で一致し、行動を開始した。八月二十六日に京都を脱出した平野は、但馬国に潜伏した。美玉三平の農兵組立に賛同し周旋に尽力した経緯のある平野は、まず美玉と会って農兵を糾合して挙兵しなければならない、と考えた。ふたりが再会したのは農兵組立会議後の九月八日で、夜を徹して話し合っている。

北垣晋太郎は上京して野村和作らと協議を重ねた。野村の意見は「一日も早く挙兵して天誅組を助けたい。武具や兵は必要に応じてこちらで用意するので、とにかく但馬で挙兵をしてもらいたい」とのことであった。北垣にも会津藩に対する憤怒の思いがあり、久坂玄瑞・高杉晋作・河上弥市《かわかみやいち》ら九名の長州藩士へ宛てて「一日も早く奸徒の首を引抜き申し度《たく》」と述べている（沢宣一・望月茂『生野義挙と其同志』）。しかし北垣は、農兵を主力とする即時挙兵には反対した。兵を挙げるなら、十分な準備をしてからすべきと主張し、それには「農兵は一年を期して兵器を整えこれを訓練し、隣国の志士と気脈を通じなければならない」と具体的に一年の期日を提示している（板沢武雄・米林富男共編『原六郎翁伝』上巻）。

しかし、野村らは天誅組の一挙について「三千人も集まって勢いがあるが、高取において無策の戦《いくさ》をして敗北したようだ」との情報を得ており、事は急を要していた。

野村は上京してきた久坂や寺島忠三郎らとも相談し、再度北垣へ、天誅組が敗れれば今後の士気に大きな影響が出るとし、「今日の勢いは一日も早く大和の義挙を助けねばならぬ」と、強く天誅組救援を要請した（「但馬一挙の真相」）。

しかし京都は、浪人や長州藩士にとって思うように身動きが取れない状態であった。八月十八日の政変以後、朝廷は土佐藩・薩摩藩・宇和島藩など七藩に命じて京都の警衛に当たらせ、藩士が公家屋敷に許可なく出入りすることや藩邸に用のない者が滞在することを禁じていた。五月十日の長州藩の関門海峡における攘夷戦で、攘夷監察使として長州へ下っていた正親町公董《おおぎまちきんただ》は、十月七日をもって京都へ召還の上、三田尻で三条実美らと面会した行為により謹慎を命じられている。長州藩の京都での失地回復、野村らの天誅組救援の思いと裏腹に、今の朝廷は長州藩と尊王攘夷派の再起を挫《くじ》くために着々と手を打っていた。

挙兵計画の決定

北垣晋太郎が但馬へ戻ると、九月十九日に二度目の農兵組立会議が開かれた。出席者は美玉三平・平野国臣・本多素行・北垣・中島太郎兵衛らで、これに鳥取藩士三名が加わっている。

今回は農兵組立会議とは名ばかりであった。組立の当たり障りのない内容が話し合われた会議が終わり、代官所役人が帰って有志のみになると、挙兵の本格的な協議がなされた。ここで取り決められたのは次の通りである。

一、十月十日をもって挙兵のこと。

一、挙兵の際、烏丸光徳《からすまるみつえ》、豊岡随資《よりしげ》、有栖川宮《ありすがわのみや》の令旨《りょうじ》を奉戴《ほうたい》し、その使者として下向する予定のこと。

一、三田尻に亡命している七卿のうち、三条実美を総裁として仰ぐため、平野と北垣が長州へ行くこと。

一、大坂・兵庫にある長州藩所有の武器弾薬などは、鳥取藩の名義で輸送すること。

一、参加者の道案内、武器等の輸送の任は、田中軍太郎《たなかぐんたろう》、進藤俊三郎、鯰江伝左衛門《なまずえでんざえもん》らが行うこと。

一、美玉三平は大坂の同志糾合のため上坂すること。

一、天誅組との連絡を密にするため、吉井定七《よしいさだしち》を大和へ派遣すること。
一、本多素行は津山《つやま》藩、鳥取藩の同志を糾合すること。
一、中島太郎兵衛、横田友次郎《よこたともじろう》らは、但馬で農兵組織に従事し、その訓練に当たること。
一、万一、京都、大和に突発的な異変があった場合、すぐに但馬、長州へ急報すること。

（『生野義挙と其同志』）

これらの役割が決められ、いよいよ十月十日に挙兵と定めて計画は本格的に動き出した。先述のように天誅組は既に九月十五日に解散しており、猶予はまったくない状況であったが、平野や北垣らが摑んでいたのは八月二十六日までの情勢であり、天誅組がこれほどまでに進退窮まっているとは知るべくもなかった。

長州藩と七卿の焦燥

長州藩と七卿らも、事態の打開に向けて苦慮をしていた。真木和泉は「三事草案」を書き上げると、藩主毛利敬親へ「七卿の復職と朝政の回復が今日の急務であり、大兵で東上しなければとても成就するものではない」と建白し、長州藩の挙兵を迫った。真木の策は、奇兵を動かすしかないのなら、天誅組を助ける、石見銀山を奪う、豊後国日田を押さえる、但馬国久美浜に出兵して天誅組の応援をする、これらのいずれかを断行し、その対応に諸藩が追われ在京兵力が手薄になった隙に、七卿を同伴して毛利敬親が京都へ出馬すべき、というものであった。兵力が多ければ、前項の通り数ヵ所で義兵を挙げるが、兵力が少ない場合は大和に拠って天誅組を助け、その本拠地と勢力を固めるよりほかはない、と強く主張した(『真木和泉守全集』中巻)。

七卿もまた焦燥に駆られ、各地へ「有志の者は一旦《いったん》長州へ馳せ集まり候様」との檄を飛ばし、敬親へは、朝議を挽回すべく奇兵隊を借りて急ぎ上京したいと切望した。七卿の檄に応じた各地の志士たちは続々と三田尻へ集結しており、その代表ともいえる志士が、中岡慎太郎《なかおかしんたろう》(土佐藩脱藩)、中村円太《なかむらえんた》(福岡藩)、真木菊四郎(久留米藩脱落)、河上彦斎(熊本藩)、加藤有隣《かとうゆうりん》(笠間《かさま》藩)、福羽美静《ふくばよししず》(津和野藩)などである。京都の政変以後、土佐藩では武市瑞山が率いる土佐勤王党への厳しい弾圧が始まっており、中岡ら勤王党の志士は続々と脱藩していた。三田尻へ集結した者たちは七卿の意を受けて、国元へ周旋し奮起を促すなど活発な活動を展開していった。

十月一日、毛利敬親は藩内へ諭書《さとししょ》を下し「君側の奸を除き国内の賊を滅《めっ》し、攘夷の大功を成し宸襟《しんきん》を安んずべし」と決意を述べ、失地回復へ向けて動き始めた(『修訂 防長回天史』)。その手始めが世子定広の上京であり、その警衛を目的として長州藩士来島又兵衛《きじままたべえ》らが遊撃隊《ゆうげきたい》を組織している。しかし慎重論を唱える俗論党《ぞくろんとう》は多く、藩内は二派に割れた状態であった。

七卿の出馬を求める

平野国臣は三田尻へ向から道中、戸田六郎《とだろくろう》ら福岡の筑前勤王党に宛てて書簡を出している。「未だ相変わらず追回《おいまわ》され候得共《そうらえども》、今に天運に尽きず候。然れば此度《このたび》大和五条辺に於《お》いて大芝居存立《ぞんじた》て候に付《つき》、座本《ざもと》雇い立ての為《ため》防州三田尻表へ罷下《まかりくだ》り候。役者相揃《あいそろい》次第には、来月十一日頃顔見せの筈にこれ有り候。時節柄、どうか大当《おおあたり》でそうに存ぜられ候条、御同志の御方へは賑々敷《にぎにぎしく》御見物の程、冀《こいねが》い奉り候」(『平野国臣伝記及遺稿』)。

挙兵を芝居興行になぞらえた文面で、挙兵の総帥(座本)を依頼するため三田尻へ下向する。挙兵の同志(役者)が揃い次第、十一月十一日頃には挙兵(顔見せ)の手筈である。どうやら成功(大当)しそうなので、同志の方々も参加(御見物)されたい、と自信を覗《のぞ》かせている。舞台を生野ではなく「大和五条辺に於いて」としているように、生野は農兵と有志を募る場所であって、五条へ押し出し挙兵する考えであった。

九月二十八日に三田尻へ到着した平野は、北垣晋太郎とともに七卿に面会して京都・但馬・大和の情勢を説明し、従来から掲げていた攘夷親征へ繋ぐために天誅組救援の兵を挙げることへの理解を求め、出馬を請うた。「数百の義徒、網中《もうちゅう》の魚、籠中《ろうちゅう》の鳥に等しく九死一生の間に在り。不日奸賊の毒刃《どくじん》に屠《ほふ》られん事必然なり」と、わずか数百名の天誅組が今や網中の魚や籠中の鳥のように危険の瀬戸際におり、討伐されようとしている窮地を述べ、「同志たるもの、豈《あ》にこれを傍観すべけんや」と訴えた。そして、七卿が救援に動くならば三丹(丹波《たんば》・丹後《たんご》・但馬)の農兵も奮発し、朝政の回復も近く可能になるだろうと、挙兵を強く迫った。三条実美らは、自分たちの志もまったく同じである、と同意しながらも「勅勘を蒙《こうむ》り長州藩の扶助を受けている身として勝手なことはできない。藩主父子の意見を聞き従うべきである」と返答している(『三条実美公記』巻之八『七卿西竄始末』初編)。

三条から申し出を受けた毛利敬親は、家老たちと協議を行った。平野も山口の藩庁へ向かい家老益田親施《ちかのぶ》らへ諮ったが、長州藩としては援軍を出すことは朝廷に対して憚りがある、との回答であった。長州藩は家老を上京させ、朝廷へ冤罪《えんざい》を訴えようとしたが、会津藩の強硬な意見に阻まれて入京すら許されず、状況は困難を極めていた。

三条の下問を受けた土方久元も「挙兵は時勢変革の端緒となるものであろうが、今の状況をみると、血気の士が一時の憤りを発しているものでしかない」として、浪人の烏合であり強固な助力も各地の応援もない、と冷静な意見を述べている(『回天実記』)。

土方の言う強力な助力や各地の応援を得る必要がある、というのは土方に指摘されるまでもないことであった。「雄藩が力を合わせて朝廷を促し、親兵を挙げて攘夷を実行する」「烏合の義徒わずか数百人では、志を遂げられないばかりかかえって後害となりかねない。一大諸侯を頼まなければ、討幕、王政復古は成り難い」というのが平野の伏見挙兵の時からの持論であった（「回天三策」『平野国臣伝記及遺稿』所収）。だからこそ伏見挙兵では薩摩藩を後ろ盾にするべく計画し、天誅組は長州藩主の出馬を請うた。今また平野が七卿の出馬と長州藩の後押しを願ったのである。平野が天誅組救援の兵を挙げるのは、尊王攘夷を絶やさないことであり、各地で呼応して道を切り開き大藩の出馬へ繋げるためであった。それには大藩出馬の確約を得て、天誅組が壊滅する前に挙兵をしなければならなかった。

沢宣嘉が立つ

三条実美は北垣晋太郎に「中山忠光は同志であり、その義挙について傍観することは到底できない。どんな議論があっても自分たちの中から一名は但馬へ出張するから安心するように」と告げている（「但馬一挙の真相」）。総帥として出馬することになったのは、沢宣嘉であった。出立は長州藩へ内密にしなければならず、十月二日、沢と平野国臣に賛同した奇兵隊士ら総勢二十七名が夜に紛れて出航した。福岡藩から平野以外に三名が加わっているほか、水戸藩士四名、但馬国の出石《いずし》藩士が二名、伊予小松《こまつ》藩士の田岡俊三郎《たおかしゅんざぶろう》がいる。

長州藩は、七卿の護衛に藩士や招賢閣（藩主の休息所）に集う各藩の有志たちを配しており、九月二十一日には奇兵隊を三田尻へ駐屯させていた。この時の奇兵隊総管は、高杉晋作から代わって河上弥市と滝弥太郎《たきやたろう》が務めていた。その河上弥市が南八郎《みなみはちろう》と名前を変えて、奇兵隊内部の有志を率いて沢に従っている。これには白石正一郎の弟廉作もいる。

沢が立つ決意をしたことで自信を得た平野は、筑前勤王党へ送った書簡で「謹んで豪傑の実功を見給うべし。不日に一軍の兵勢を挙動し天下の耳目を驚かして貴覧に入れるべく候。能《よ》く目を拭《ふ》き耳を洗《あらい》て十五日を待ち給え」（『平野国臣伝記及遺稿』）と述べている。書簡には和歌三首が添えられていた。

沢宣嘉（下関市立歴史博物館蔵）

河上弥市（山口八幡神社蔵）

今しばし待てや都の花もみぢ　御幸《みゆき》ある世となさでやむべき
若芽さす春なからめや神無月《かんなづき》　大内山《おおうちやま》は紅葉《もみじ》するとも
大王《おおきみ》に捧《ささ》げあましし我命《わがいのち》　今こそ捨つる時はきにけれ

天誅組の敗報が届く

中山忠光らが大坂長州藩邸へ逃げ込んだ一方で、天誅組隊士池内蔵太《くらた》が京都へ辿り着き、武器弾薬の調達に当たっていた進藤俊三郎らの旅宿へ転がり込んできた。時期は忠光らの藩邸入りと同じ頃だったようだ。生野挙兵を進める者の中では、進藤俊三郎・野村和作（長州藩士）・松田正人《まつだまさと》（鳥取藩士）らが、ここで初めて敗報に接したのである。計画通りにはいかなくなってきたと悟った進藤は、野村や松田らと協議をし、「再びやるやらぬは次の問題として、今急にやるのは無謀だ」と、挙兵は延期せざるを得ないとの結論に達した（「生野義挙事件その他　維新史料編纂会席上に於ける講演」『原六郎翁伝』下巻）。

進藤は、三田尻から来る平野国臣や北垣晋太郎らへ知らせるべく急ぎ京都を出立した。その道中、屋形《やかた》（兵庫県神崎郡市川町）で本多素行と出会っている。本多も延期に賛同し、「挙兵は来春三月か四月の雪解けまで延ばす」との意見で一致した（「生野義挙事件その他　維新史料編纂会席上に於ける講演」）。さらに、先行してきた北垣とも合流し、事情を聞いた北垣もこれに同調している。一同は、飾磨《しかま》（兵庫県姫路市）で上陸予定の沢宣嘉ら一行へ知らせるべく引き返した。天誅組の敗北を受け、京都や大坂の長州藩士や鳥取藩松田正人らも挙兵から手を引いており、農兵の訓練がいまだ整わないこともあって、流れは中止または延期へ傾いていった。

長州藩本国にも、天誅組敗北の知らせが入った。沢ら一行が出発した三日後の十月五日、京都から宮部春蔵《はるぞう》（宮部鼎蔵の弟で変名は田代五郎《たしろごろう》）が三田尻へ到着し、大坂長州藩邸から逃れてきた忠光ら七名も時を同じくして到着している。宮部も忠光らも、途中で沢一行とすれ違っていたことになる。

挙兵強行派と中止派の対立

北垣晋太郎が飾磨で上陸した沢宣嘉ら一行に事の次第を告げると、一行の中で議論が紛糾した。長州藩を脱藩する形で沢に従ってきた河上弥市以下の奇兵隊士や戸原卯橘《とはらうきつ》（秋月藩脱藩）らは承服せず、「ここまで士気奮起したる際に臨みながら、大和勢の敗軍を聞いて敵の旌旗《せいき》をも見ずして逃亡せんなどと、世上の嘲弄《ちょうろう》を慚愧《ざんき》せざらんや」と、ここまで来ておいて戦わずに逃亡同然の行動を取るなど世間の笑い者だと切って捨てた。そして「丹波、丹後、但馬の地に拠って義兵を挙げ、再度大和へ押し寄せ、天誅組の残党を集めて弔い合戦をすべき」と主張した。

河上らは、平野国臣や北垣の持ち込んだ計画に賛同して国を捨ててきたのである。火付け役が今さら何を言うのか、という心持ちであったろう。河上に糾弾されるまでもなく、平野の心情は複雑であった。挙兵の名分を失った「烏合の衆」となった今、挙兵は中止すべきと考えたが、志士たちを鼓舞し沢を担ぎ出した当人として責任を痛感した。平野はこの時「沢殿に対しても申し訳なく同志数輩に向かっても面目なく、その心中ぞ茫然《ぼうぜん》たり。況《いわん》や、血気壮烈なる勇士等が激論を持て余し、応え難くて黙止せり」という有様であった（『尊王実記』）。

天誅組救援という目的は失われたものの、尊王攘夷の道を絶やさないことでは、全員が一致していたであろう。ただ急ぐ余りの準備不足は否めず、幕府の天誅組追討の動きを見ても、京都守護職の権限とそれに従う諸藩を相手取るには、浪人集団や農兵だけでは如何《いかん》ともしがたいのも事実であった。その末路は天誅組が身をもって証明している。

沢も決断を下し得ず、中止か強行かの結論が出ないまま生野へ向かった。沢は表立っては「事の成敗は今また必ずしも問わず。ただ衆とともに進んで斃《たお》れんのみ」と宣言したが、中止を主張する者には「進んで事を挙げんと欲する人々に向かい、退歩の議を為《な》すこと能《あた》わず」と、退くなどとはとても言えないと洩らしている（『平野国臣伝記及遺稿』）。中止派の北垣、本多素行らと、強行派の河上、戸原らは道中も激しく対立し、隊士たちの間で意思統一がなされないまま生野へ向かった。

生野代官所を占拠

十月十一日、生野代官所領へ入った隊士たちは、いったん森垣村《もりがいむら》（兵庫県朝来市生野町）の延応寺《えんおうじ》へ入り、但馬に残って挙兵準備に当たっていた中島太郎兵衛らと合流した。ここで代官所へ「七卿と長州藩主父子の冤罪を訴願するため上京する途次である。京都の情勢を伺う間、しばらく当地へ逗留《とうりゅう》したい」と告げた（「但馬一挙の真相」）。この時、代官川上猪太郎は倉敷《くらしき》代官所へ出張中であり、元締《もとじめ》の武井正三郎《たけいしょうざぶろう》が応対している。元締とは代官所の役職のひとつで、手付《てつき》（書記などを務める）、手代《てだい》（雑務を扱う）の総括者である。武井との交渉により、銀山の発掘経営をしている大山師《おおやまし》で旅宿丹後屋《たんごや》を営む太田次郎左衛門《おおたじろうざえもん》宅へ移った。

ここで再び、平野国臣や河上弥市らの首脳陣の間で、挙兵の可否について激論が交わされた。この時も河上の主張する強行挙兵に決しているが、全員が納得しないまま、沢宣嘉の名による檄文《げきぶん》が、但馬国の旧家および有志に向けて出された。幕府の開国施策から八月十八日の政変の情勢を簡単に述べ、「但馬国は人民忠孝の志厚く、南北の時節にも賊足利に与《くみ》せず、皇威を揚げ国体を張ったと聞いている。早々に馳せ参じて大義を承り叡慮を奉り奸賊を退け、宸襟を安んじ奉るべき時である」と但馬国全体を鼓舞し兵を募った（『会津藩庁記録』二）。

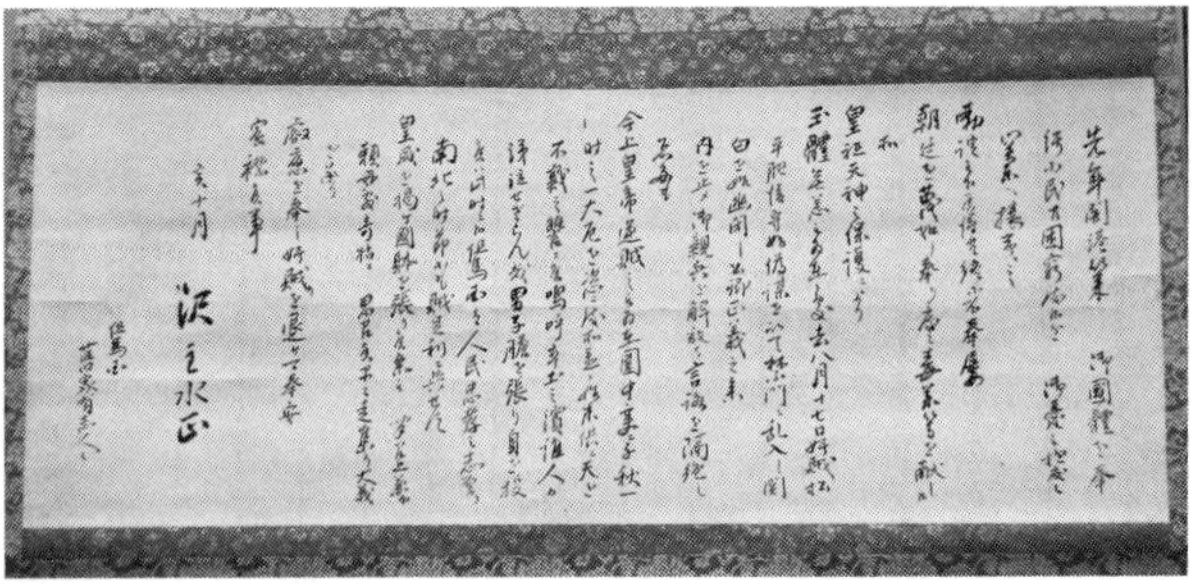

沢宣嘉の名で出された檄文（朝来市役所生野支所蔵）

案内してきた武井が丹後屋を出た後の十月十二日の午前二時頃、一行は草鞋《わらじ》や酒を用意させると俄《にわ》かに身支度を整えはじめた。丹後屋の太田次郎左衛門は驚いて武井へ注進をしている。代官所側は戦々恐々として一行の動向を注視していた。

十二日早朝、隊士たちは代官所へ乗り込み、代官所を借り受ける旨を言い渡した。武井は「代官の川上猪太郎が倉敷代官所へ出向していて留守であるため、自分が勝手な判断を下すことはできない」と返答しながらも、五條代官所と同じ目に遭うことを恐れた。沢が隊士たちに「穏和に事を運ぶように」と命じたことで、武井は代官所の表書院《おもてしょいん》のみを明け渡した（『尊王実記』）。その上で、川上代官や役人たちの妻子をいち早く大山師のもとへ避難させ、書類などを蔵へ運び込んでいる。

代官所表書院は生野本陣と定められ、沢宣嘉を総帥に、その側役に田岡俊三郎ら二名が、総督に平野国臣と河上弥市が就いている。本陣以外に、丹波屋の座敷を節制所（取締所）

にして全体の取り締まりをする美玉三平や多田弥太郎《ただやたろう》（出石藩士）などが詰め、町会所を周旋方会所にして諸事買入れをする中条右京《ちゅうじょううきょう》（出石藩出身で姉小路家の家臣）と庄屋たちが詰めた。中島らの周旋で、これに協力する但馬の村役人や商家は約五十人に及んだ（前嶋雅光『幕末生野義挙の研究』）。

　挙兵に賛同する者も追々駆け付けた。代官所剣術指南役の伊藤龍太郎《いとうたつたろう》と門弟たち、京都で尊王攘夷の国事活動をしていた片山九市《かたやまくいち》（変名は木村愛之助《きむらあいのすけ》）などである。

　ここへきて平野は腹を決めたのか、積極的に挙兵へ向け動き出している。代官所役人へ河上との連名の証書を突き付け、銀山から納められた運上金三千両の借用を強談《ごうだん》している。蔵にこれほどの金があるということは、本多素行や中島などの手引きによってあらかじめ知っていたようだ。武井は蔵へ踏み込みかねない平野らの態度に屈して、千三百両を差し出した。隊士たちは大山師たちにも五十両から四百両を用意させている。

　沢は「十四日の夜、供揃えにて京都へ押し出し天誅組の様子を見届ける。天誅組残党に遭遇することがなければ、彼らを討った大名と一戦して討死する心得であるので、みなみな、ここは十四日までの滞在と心得るように」と宣言した（『会津藩庁記録』二）。近隣諸藩へは、先に代官所へ通達した通り「沢宣嘉が七卿と長州藩主父子の冤罪を訴願するため上京する途次である。京都の情勢を伺う間、しばらく当地へ逗留する」旨の書状を出して、出陣の足止めをしておくことになった。

生野の人々の混乱

浪士の一団が代官所を占拠した知らせを受けた掛屋《かけや》の藤本市兵衛《ふじもといちべえ》は、ただちに駆け付けると、門を固めていた隊士へ中に入る許可を得、所内の一角に集まっていた武井正三郎ら役人の無事を確認した。掛屋とは、代官所の公金を取り扱い、大坂や江戸の御金蔵《おかねぐら》へ納付する仕事を請け負う者である。ここで藤本は、武井からこれまでの経緯を聞き、役人たちの協議に参加した。一同は「彼等も正義を唱え候得ば、乱妨《らんぼう》は致すまじく」と、浪士たちに乱暴の様子は見られないとしながらも、姫路藩・出石藩・豊岡藩から討ち手が来ると事と次第によっては放火などが起こるのではないかと、危惧している（「掛屋市兵衛手記」『史料拾遺』第拾八輯）。

代官所では炊き出しを命じられた町方がせわしなく働き、百姓たちが竹槍を持って集合し兵糧米が次々と運び込まれ、牛馬や人夫が行き交い混雑を極めていた。その様子は「三百年来の治世、暫時にさながら戦場の形勢」「暫時の間に公儀の御陣屋、浪士の陣営と相成り、何共《なんとも》恐れ入り候次第」「誠に銀山の危急、此時と存じ候」といった有様で、天誅組が制圧した五條同様、幕府機関が浪士に乗っ取られる出来事が、驚愕《きょうがく》をもって受け止められている

（「掛屋市兵衛手記」）。藤本は、代官所役人とともに彼らの動向を注視しつつも、隊士たちに依頼されて物資の買い付けや炊き出しの世話などに立ち働いている。

農兵徴集を開始

陣容が整った同日の十月十二日、農兵の徴集も始められた。十四日の夜までに農兵を組み立て出陣態勢へ持っていくのである。「生野御役所」の名で代官所所轄の村々へ向けて触が出された。村役人は二十歳以上四十歳以下の者に武器を携帯させて集めること、鉄砲はある限り持参すること、兵糧は二、三日分を携帯してくること、この触状が届き次第、生野代官所へ罷《まか》り出ること、馬具を差し出すこと、とされた（沢宣一・望月茂『生野義挙と其同志』）。

川上猪太郎代官の報告によれば、集まった農民の人数は約三千人で「生野陣屋に変事があったので早々出兵するよう」と聞いて出てきた者たちであった（「浪花江草」坤）。前述の「掛屋市兵衛手記」では、人数は二千人余でいずれも訳が分からないまま恐怖に追い立てられるように集まった、農兵とは名ばかりの百姓である、としている。

当初の農兵組立が途に就いたばかりで、この徴集である。中島太郎兵衛らの周旋によって隊へ与《くみ》する目的で参集した者や、先述のように代官所の斡旋で剣術稽古を始めていた者が少なからずいたものの、ほとんどが兵としての自覚も訓練もないままに集められた農民でしかなかった。これを兵として統率するため、細部にわたった厳しい軍規が布告された。
一、身分の貴賤に拘《かかわ》らず忠節を尽くし、進退は大将の下知に従うこと。
一、出陣の行列を乱さないこと。
一、着陣以後は、妄《みだ》りに陣所を離れ往来しないこと。
一、互いに危急を助け合い、特に頭分《かしらぶん》と大将分の危急を見捨てる者は斬る。
一、物見の張り番や夜番で職を怠り、眠るまたは立ち退《の》く者は斬る。
一、城攻めに乗ずべき時に乗りかねる者は斬る。
一、高禄を蔑《さげす》み刃傷に及ぶ者は斬る。
一、勝利を見るといえども、下知を受けずに戦いをやめる者は不忠とみなす。
一、合戦勝利の是非、武具謀計の善悪、いささかも私的な批判をするべからず。
一、敵との書簡などの音信のやりとり、妄りに放言をする者は斬る。
一、火事狼藉には固く備え、下知を待つこと。
一、米麦を刈取り民家を焼き、婦女を捕らえ財産を掠《かす》め、材木を伐《き》り墳墓を壊す者は斬る。
一、敵の文書を入手したら大将に言上《ごんじょう》すること。勝手に開く者は斬る。
一、食事が終われば日が暮れる前に火を消すこと。
一、陣所に忍び足で廻る、妄りに走り回る者は斬る。

右の条々において秩序を乱す輩《やから》は厳科に処す。

（『生野義挙と其同志』）

こうして農兵と五十余人の銀山の地役人を動員すると、代官所と番所の守りを固めた。所領に出入りする番所は、鉱山物の密輸出取り締まりを目的に作られたもので、生野には十六カ所が設けられている（『生野史』）。隊士と地役人たちは、そのうちの代官所所在の口銀屋町の南の播磨口と北の但馬口を固めている。播磨口は、播州路の出入り口でもあり生野銀山の表玄関となる交通の最重要地であり、但馬口は、それと反対の生野銀山の裏玄関にあたり但馬路へ通じる。

十月十三日には山口《やまぐち》村（兵庫県朝来市山口）・竹田《たけだ》村（同市和田山町）・養父市場村（養父市）などの九カ村へ「出石藩や豊岡藩から人足などを雇いたいと言ってきても応じないよう」との触を出して、領民の動きを牽制した（『生野義挙と其同志』）。まだ生野本陣へ馳せ参じていない村に対しては、出兵督促をしている。

同日、使者が出石藩と鳥取藩へ発《た》った。沢宣嘉が朝廷へ嘆願のため上京するにあたり生野代官所に滞留することを知らせ、両藩の動きを牽制するものであったが、使者はいずれも不審と見做され捕らえられている。

役人と諸藩の動き

天誅組の一件以後、幕府は、幕府領とその領地を警衛するよう幕府領近在の諸藩へ指示を出していた。生野に隣接する出石藩は生野代官所とその領地の警衛を命じられており、代官川上猪太郎と連絡を取り合っていた。川上は、不審なことがあればすぐに警衛人数を繰り出してもらいたい、と依頼し、領民にも非常の節の心得を促している（「浪花江草」坤）。

十月十二日に隊士へ代官所明け渡しを承諾した後、武井正三郎は役人たちと協議をし同日すぐさま出石藩と姫路藩へ向け、代官所の窮地を知らせる密使を出していた。「追々浪士組の加勢が来るようなので、早々に人数を差し出してもらいたい」と要請し、同時に倉敷へ出張中の川上代官へも急使を出していた。

かねてから警衛の出動態勢を取っていたため、諸藩の初動は早かった。要請を受けた出石、姫路両藩は京都守護職へ使者を出すとともに即刻兵を動かし、出石藩は十月十三日に七、八百人を養父市場村へ、翌日には和田山村へ出陣している（『会津藩庁記録』二）。

両藩だけでなく大坂城代も京都守護職へ通報をしており、松平容保《かたもり》は朝廷へ鎮圧を上奏し、各藩へ命を下した。出石藩には浪士の鎮圧を、近隣の豊岡藩・柏原《かいばら》藩・篠山《ささやま》藩・福知山《ふくちやま》藩・宮津《みやづ》藩・姫路藩・龍野《たつの》藩には、出石藩の動向次第で出動するよう命じている。鳥取藩へは沢宣嘉一行が西下するかもしれないので、藩内の警戒を強める指示が下された（『孝明天皇紀』

第四）。皮肉なことに、天誅組追討の経験から、代官所、京都守護職、周辺諸藩の対応は素早いものがあった。

隊士たちの出陣

本陣を置いた生野代官所は四方を山に囲まれており、播磨国との国境に位置する。峠で防衛するには有利であるが、少人数で平地にいる限り守り切れないのが実情であった。沢宣嘉から「四方の敵が攻めてくれば、どのように防戦するのか」との問いがあり、陣内でまたもや意見が対立した。河上弥市は「自分が勇士十四、五人を連れて山口村に砦を構え、防戦に及べば、出石藩・豊岡藩など取るに足らず。南から姫路藩が攻め寄せても、生野峠（追上《おいあげ》峠）から大砲を撃ちかければ姫路勢の進軍を食い止められる。君の側には平野と本多がついていれば心安い」と答えている。これに対し平野国臣は「事は容易ではなく、三丹《さんたん》（丹波・丹後・但馬）の藩が攻め寄せれば大軍になる」と反対した。河上は顔色を変えて「そもそも、今回の企ては当初から手違いになったとあなたたちは言うが、敵を前にして多勢小勢などの論は臆病神《おくびょうがみ》がついているようなものだ」と言い捨て、「たとえ無勢にても心を一つにして身命をなげうち精神を貫徹すべきだ」と激しく主張した（『銀山新話』）。

十月十三日、北方面から出石藩・豊岡藩が、南方面から姫路藩が攻めてくるとの情報が入り、河上は主張通り、出石藩・豊岡藩を食い止めるために十七名を率いて山口村西念寺《さいねんじ》に出陣した。竹田村まで斥候を出して敵の様子を窺い、まだ出石藩兵の姿は確認できなかったものの、戦闘に不利な山口村から妙見山《みょうけんさん》の中腹にある妙見堂へ陣を移すと、人足や農兵を動員して兵糧や大筒などを運び上げて迎撃準備を整えた。河上は村々へ「朝廷の御沙汰に従い堅く相守るべきこと、村中一和肝要のこと、火の用心肝要になすべきこと」の三カ条を布告し、集まった農兵へ「これより三カ年は無年貢、それ以後は半納にするので励み勤めよ」と宣言、激励している（「銀山新話」）。河上の態度は支配者然としたもので、高杉晋作の後任として奇兵隊総管を務めた彼らしいものであった。農兵たちは当初、自分たちを統率する浪人集団を警戒していたが、河上が示す農兵などへの細かい配慮に感じ入り、人柄に感銘を受けたという。

一方、平野は南から進軍してくる姫路藩を迎撃するため、同じ福岡藩士の藤四郎《ふじしろう》らとともに農兵を率いて出陣した。

沢宣嘉の遁走と破陣

河上弥市、平野国臣らが出陣していった後、本陣には沢宣嘉と十三名の隊士が残っていた。挙兵強行を主張していた河上らが不在になったことで、本陣の隊士の間で中止を唱える声が大きくなった。夜になり、多田弥太郎や木曽源太郎《きそげんたろう》（変名は旭健《あさひたけし》。熊本藩士）らが沢に、このまま二藩の攻撃を受けると壊滅は逃れられない、いったん退散して後日再挙すべきと、挙兵を中止し生野から脱出することを勧めた。沢は「諸口に出張している隊士を集めて大会議の上、衆論に任せる」と返答している（小山六郎「但馬義挙実記」『維新日乗纂輯』第二所収）。

河上のもとへは多田弥太郎が出向いた。河上は「それほどまでに臆したまうのなら、黒田《くろだ》与一郎《よいちろう》（中島太郎兵衛の弟）を本陣に同行させ説明させよう」と、総帥である沢が臆している事実に落胆している。ここを動かず徹底抗戦を主張する河上へ多田は「天の時、地の利も人の和には及ばず。ひとまずこの地を引き払い、天地人の時運到来の上、万全の良策を取るべき」「烏合の小勢で不案内の地に拠って戦うのは無謀の犬死で、志士のすることではない」と強く撤退を求めた（「銀山新話」）。河上が折れなかったため、仕方なく多田は黒田を伴って本陣へ戻っている。沢へ報告をした多田は、明日には出石藩勢が押し寄せてくるので直ちに生野を出るべきだと諫言した。沢はそれに従い多田弥太郎、木曽ら六名の隊士とともに本陣を出ると、森垣村から山を越えて生野を脱出した。

この沢一行の本陣脱出について、代官所役人たちは事前に察知していた。役人たちと代官所内に詰めていた藤本市兵衛は、浪士たちの間で不和があり夜になって脱出の準備をしているようだと、役人たちと協議に入っている。役人たちがその都度確実な情報を得ていたのは、地役人小国謙蔵《おぐにけんぞう》が、隊士たちの中に入り献身的に働きながら、終始武井正三郎らと連絡を取っていたからであった。この日、小国が本陣隊士に落ち去るよう勧めたことで、沢の安全を考えた多田弥太郎らが動いたとされる。

総帥の沢が逃亡同然に本陣を退去したことで、残っていた隊士たちも役割を放棄して去った。深夜二時頃、本陣となっていた表書院に武井らが入ると、部屋は物が散乱しており慌てて出ていった跡が見受けられた。武井の判断により、農兵は残らず村へ引き揚げることになった。農兵たちは何の事情も分からず、「何《いず》れも狐狸《こり》の所為かと互いに顔を見合わせ」という状態であった(「銀山新話」)。

姫路藩を迎え撃つ準備をしていた平野は、沢が本陣を退去したとの知らせを受け慌てて戻ってきたが、空虚な陣所に沢の歌が残されていたという。

頼みもし恨みもしつる宵《よい》の間の　うつつは今朝の夢にてありぬる

沢は、この挙が夢のように儚《はかな》いものであったと失望し、自分を引っ張り出した隊士たちに対して複雑な思いを抱いたようだ。

河上弥市の最期

十月十四日の朝、伊藤龍太郎が武井正三郎ら代官所役人に、山口村に滞陣中の河上弥市らに生野から退去するよう説得に当たるべきと進言した。伊藤や武井らは、河上らと出石藩兵が衝突すれば、必ず双方に少なからず死傷者が出て駆り出されている農民も無事ではすまないこと、山口村が放火されれば難渋することを挙げて事態を危惧している。彼らは沢宣嘉がいなくなり本陣が瓦解した今、浪士たちが何もせず退去してくれることを願った。

伊藤は山口村で河上に会って本陣の有様を伝え、貴殿らも早々に落ち去るべきと説いた。河上の考えは変わらず「落ち延び却《かえ》って見苦しき死を致し候ては死後の恥」「国に事ある節は討死と存じ込みなれば、今更落ち去り候心得これ無く」と断っている。伊藤は、いったん戻って武井と相談し再訪すると言い募ったが、河上はそれをも断り、双方は一献を交わして別れた（「掛屋市兵衛手記」）。

河上は、挙兵の覚悟もなく、天誅組救援の目的が失われたことで後日の再挙などとうそぶき中止を唱え続ける者たちに憤怒し失望した。思いのままに歌を書きなぐり妙見堂に掲げると、隊士たちを率いて山を下りた。

議論より実《じつ》を行へなまけ武士　国の大事を余所《よそ》に見る馬鹿

河上が山を下りた頃、近在の農民たちが鉄砲を持って彼らを取り巻いた。農民たちは本陣が瓦解し自分たちに命令をしていた者たちが逃げ去ったと知ると、騙《だま》されたと思い一転し攻勢に出た。農民たちは暴徒と化しており、もはや本陣はなく総帥もいない状態では、河上らに弁明の余地はなかった。農民に手を挙げるつもりのない河上らは、取り囲む農民を威嚇《いかく》し追い払いながら退却し、途中で山口村の山伏岩《やまぶしいわ》と呼ばれる大岩の陰に集まった。盛んに鉄砲を撃ってくる農民が迫ってきており、河上ら十三名は、ここを最期の地と定め岩陰で全員が自刃した。河上が着用していた頭巾《ずきん》の裏と腹巻には、次の二首が認《したた》めてあった。

　降ると見ば積もらぬ先に払へかし　風吹く松に雪折れもなし

後れては梅も桜におとるらん　魁《さきがけ》てこそ色も香《か》もあれ

藤本市兵衛は河上（南八郎）について「殊に勇気絶倫の士と承り候。今般当所へ来たり候浪士の中にても、中には乱妨、放火等致し候半《そうらわん》と申すものこれ有り候得共《そうらえども》、南八郎差留め、且《か》つ小国謙蔵殿を刃傷に及び候半と申し候節も八郎差留め候由慥《たしか》に承り候」と、河上が、乱暴放火を具申する者や、役人と通じている地役人小国謙蔵を刺すと息巻く者を差し止めるなどの勇気絶倫の振舞があったとし「惜しき勇士を失い候」とその死を悼んでいる（「掛屋市兵衛手記」）。

破陣後の隊士の末路

本陣が瓦解し、隊士たちは個々に生野からの脱出を図った。出石・姫路両藩兵が迫るなか、急がなければ退路が断たれる恐れがあった。当初から農兵組立を主導してきた美玉三平は、庄屋中島太郎兵衛と弟黒田与一郎とともに長州へ逃れようと西へ向かったが、三日月《みかづき》藩領へ入った辺りで、追ってきた生野代官所領と三日月藩領の農民に追い詰められた。農民たちは美玉らを代官所に押し入った強盗と思い込み鉄砲を撃ちかけてきた。美玉は撃たれ、中島も瀕死《ひんし》の重傷を負い自刃した。中島の介錯《かいしゃく》をした黒田は捕らえられた。

妙見山にいた隊士で、河上弥市と別れて個々に脱出を図った者に、中条右京・長曽我部《ちょうそかべ》太七郎《たしちろう》の二名がいた。伊藤龍太郎の説得に応じて山を下り、生野峠を越えて播州街道を南下したが、伊藤が代官所へ戻り、武井正三郎に河上との話し合いの顚末と中条らが落ち去ったことを報告したところ、近在の農民たちがこれを聞きつけ、徒党を組んで中条らを追いかけた。ふたりは猪篠《いざさ》村（兵庫県神崎郡神河町）まで逃げたところで撃たれている。

大川藤蔵《おおかわとうぞう》（小河吉三郎《おがわきちさぶろう》の変名。水戸藩士）・大村辰之助《おおむらたつのすけ》ら四人は、沢宣嘉の行方を捜すべきと考えて山を下りたが、丹波へ向かう道中で農兵に追われ、大川藤蔵は自刃し大村辰之助ら三名は農民に捕らえられた。

養父市場村明暗寺《みょうあんじ》の普化僧である本多素行は、播磨国へ出張する僧を装い伝馬《てんま》（公用輸送に供された馬）で堂々と生野街道を南下した。途中で生野へ出陣する姫路藩兵に遭遇し尋問を受けている。寺の用で播州へ向かうと述べてその場を切り抜けようとしたが、生野からきた飛脚が本多の顔を知っていたことで身元が割れ、捕縛された。

隊士たちが殺傷をせずに代官所を制圧し、農民に追われても刃《やいば》を向けず多くが自刃したのに対し、農民は暴徒化し徒党を組み、逃げる隊士たちを追い各所で殺害し捕縛した上、加担した家をも襲撃し建物を壊し家財を焼き捨てるなどの乱妨を働いた。この暴動鎮静のため、二日間にわたって代官所役人が出張する羽目になり、被害を受けた家は二十五軒にのぼった（『会津藩庁記録』二）。

『生野義挙と其同志』では、農兵訓練が行き届いていなかったこともあって、駆り出された百姓たちは「無智であり無識であり無理解であり無分別であったと断じても差し支えないようだ」とし、「ただ村々の庄屋・年寄・肝煎《きもいり》等に命ぜられて漫然として生野に集った烏合の衆にすぎなかった」と断じている。

平野国臣の捕縛

平野国臣は、同郷の藤四郎らを先に脱出させると、横田友次郎《よこたともじろう》（因幡国《いなばのくに》の志士）とともに、既に本陣を離脱していた北垣晋太郎を訪ねた。北垣と相談し鳥取藩内へ潜伏することに決め、駕籠《かご》で城崎方面へ向かった。途中、上網場村《かみなんば》（兵庫県養父市）で豊岡藩の一番隊に遭遇し、尋問を受けている。身分と名前を偽ったが怪しまれて豊岡藩へ送られ、同藩の旅宿に軟禁された。十月十五日、平野は討死の覚悟を決め、横田へ和歌を送っている。

桐《きり》にあそぶ鳳《ほう》の心を竹にふし　軒にすむ身のいかで知るべき
木枯《こがらし》もまだ誘はぬにおのづから　あたら紅葉《もみじ》の散るはうらめし
今さらに我身惜しとは思はねど　心にかかる君が世の末

（『平野国臣伝記及遺稿』）

ふたりは旅宿で捕縛され投獄されたが、その扱いは丁重なものであった。折しも、足利三代木像梟首《きょうしゅ》事件（六一頁参照）で捕らえられた三輪田元綱《みわたもとつな》が豊岡藩に身柄を預けられており、三輪田が平野の人物を藩吏に語ったことで認識が改められたという。

平野は横田とともに豊岡藩の牢で二ヵ月半を過ごし、その後、京都守護職の命で姫路藩へ身柄を移された。移送中、生野代官所領森垣村を通過した時、自刃した河上らと生き残った自分の身を比べ、やるせない思いを歌を詠んでいる。

いさぎよく消果てもせで露の命　のこりいく野の身こそつらけれ

元治元年（一八六四）正月十七日、京都の六角獄舎へ投獄された。横田や姫路藩に捕縛された本多も同様に投獄されている。既に鶴田陶司・酒井伝次郎ら天誅組隊士が収容されており、二月十六日にそのうちの十九名が処刑された。

代官川上猪太郎の帰陣

出石藩、姫路藩ともに文久三年（一八六三）十月十二日の代官所の出陣要請に対し初動は早かったものの、その後の動きは鈍さが見られた。出石藩が山口村へ出陣してきたのは十五日で、既に隊士たちの陣営は瓦解し河上弥市らが自刃した後であった。姫路藩も生野へ入ったのは十五日で、既に捕らえた美玉三平以外にひとりを捕縛している程度で終わっている。

出石藩の行動に、代官所側は厳しい見方をしている。行程十里の道程に二日半もかかったことを挙げ、「安穏とした日常に慣れ、いざという時の心構えもなく兵粮《ひょうろう》・小荷駄などは準備不足の上、軍令も行き届いていない。もし浪士たちと戦になっていれば出石兵が負けるのは必然」と糾弾している。同藩は、河上弥市ら十三名の首や所持品を代官所へ断りもなく持ち帰り、代官所役人が出石藩に掛け合って取り戻すなどの悶着《もんちゃく》もあった。出石藩のこの行為を代官所側は、警衛の面目を保とうと愚慮を巡らせたものだと断じ、「士の本質を失った奸人私曲の首尾」とまで言い切っている（「掛屋市兵衛手記」）。

代官川上猪太郎が生野へ戻ってきたのは十月二十三日であった。川上は、役人たちの臨機の処置に納得し、地役人や村役人、農民たちについても寛大な態度を示した。しかし、京都守護職は事件の調査と関係者の処罰に乗り出し、十一月に入って目付戸川鉡三郎《とがわはんざぶろう》を生野に派遣した。松平容保の命を受けて厳しい態度で臨む戸川に川上は反発し、役人と領民に罪に問うほどの行為はなかったと擁護した。

戸川は、責任は代官と役人にあると報告し、武井正三郎ら代官所役人と地役人に謹慎を命じ、隊士の挙兵に協力した村役人を捕縛して代官所へ連行した。掛屋の藤本市兵衛らは、連行されてくる村役人を「実に以て気の毒千万」との感想を持っており、できる限りの世話をしている。地役人への処分についても不満を洩らし、「御政道正しからず、全く御目付並びに仙石《せんごく》様より京都へ讒訴《ざんそ》に相成り候儀と察し候」と、目付と出石藩が京都守護職へ事実を曲げて報告したせいである、と憤っている（「掛屋市兵衛手記」）。

川上は、一連の処分に対し京都守護職へ陳情書を出した。「戸川は武井ら役人に不手際があったというが、それは浪士の意に従い穏やかな対処をせざるを得なかったのである。村役人は浪人を滞在させ金子《きんす》等を押し借りされただけであり、入牢を申し付けるほどの罪ではない。軽い罪の者をいちいち咎《とが》めていては、少しでも関わりがあった者は逃げ去ってしまい穏やかではない」と主張した。その上で、罪に問わずそのままにしておくので寛大の沙汰を待ちたいと述べている（「浪花江草」坤）。尽力も空《むな》しく、川上は正月に京都守護職へ呼び出され、その後、生野代官を免じられて奥州伊達《だて》郡桑折《こおり》陣屋へ転任となった。

北垣晋太郎の去就

北垣晋太郎は当初から、農兵訓練には一年を要すると主張し、急拵《きゅうごしら》えの農兵を動員しての挙兵に反対であった。野村和作らの主張に押される形で平野国臣や美玉三平と挙兵計画を練り、七卿に出馬を説得して沢宣嘉を擁してきたが、天誅組敗北が判明すると、一貫して中止の立場を取ってきた。十月十二日の代官所制圧以後は、役割に名を連ねず、その動向は不明な点が多い。

一行が生野へ入った十月十一日、北垣は八鹿《ようか》村（兵庫県養父市）へ向かっていた（「朝来郡大月村小山六郎手記」『兵庫県史』史料編幕末維新一）。農兵募集に行ったとされているが、本当に募集に従事していたか不明である。八鹿村は生野の北に位置しており、出石藩の動きをより早く摑んでいたのではないか。危機感を抱いたのか、十三日に山口村へ戻ってきた北垣は、河上弥市と進退について議論を交わし、そのまま離脱していったようだ。

木曽源太郎は十月十四日に沢らと本陣を脱出するまでの期間、北垣の姿は見かけなかったと述べている（「山陰義挙実記」『山東町誌』所収）。掛屋藤本市兵衛も、手記に写し取った隊士連判状の項で北垣について「此者《このもの》、当所へ来り候や相分らず候」と但《ただ》し書きをしている（「掛屋市兵衛手記」）。

河上との激論ののち、北垣は完全に一行から離脱したようだ。本陣が瓦解したのちに平野は北垣に会うために能座村の自宅を訪ねているが、北垣がいたのは自宅ではなく北村平蔵《きたむらへいぞう》（北垣の叔父）の屋敷であった。離脱したとはいえ一挙の中心人物であり、農民が不穏な動きをしているなか、自宅にいることができなかったと見られる。訪ねてきた平野らから落ち行く経路の相談を受けた北垣は、鳥取藩への潜伏を勧め、自身も但馬の脱出を図った。平野は豊岡藩に捕らえられたが、北垣は十月十八日に鳥取へ着いている。松田正人らの計らいで京都鳥取藩邸へ潜伏した北垣は、その後藩士に取り立てられて名を北垣国道と改めた。明治維新後は京都府知事となり、琵琶湖疏水《びわこそすい》建設などに尽力している。

明治四十五年（一九一二）、「但馬一挙の真相」と題した講演で北垣は次のように述べている。「但馬の一挙なるものは、まるで瓦解をしたのであります。（中略）世間に言触《ことぶれ》しているのは戦争をしたように書いてありますけれども、戦争はしませなんだ。全く瓦解であります」（「但馬一挙の真相」）。北垣にしてみれば、巻き込まれただけという思いが拭《ぬぐ》い切れなかったのではないか。

終　章　雄藩の討幕運動へ

生野破陣の知らせ

文久三年（一八六三）十月二十二日になって、生野破陣の第一報が長州藩に届いた。さらに十一月二日、生野から逃れてきた木曽源太郎が長州藩へ辿り着き、三条実美《さねとみ》らに拝謁して実情を語っている。木曽は逃避行の途中、沢宣嘉に「三田尻へ逃れて各卿に謁し、同志を糾合して再挙を図るべき」と提言した。沢は総帥でありながら但馬で一戦もせずに生野を脱したことを恥じ、「何の面目があって各卿に再会できようか」と長州へ戻ることを拒み、木曽と別れたという（「三条実美公記」巻之九『七卿西竄始末』）。

長州へ辿り着いた木曽は、沢が戻っていないと知り、その探索を請うたが無理な話であった。むしろ沢の脱走以来、長州藩は、六卿を出入りの不便な湯田《ゆだ》（山口県山口市）へ転居させ、今後六卿への拝謁を希望する他藩士には、長州藩士が間に立ち拝謁の内容を糾してから取り次ぐ厳重な措置を取っていた。沢の行方が知れない今、木曽は自刃して沢の長州脱走と挙兵の失敗を謝罪し、その証《あかし》として首を幕府へ差し出してもらいたい、と願った。三条は真木和泉を三田尻へ遣わして説得し思い留まらせている。その後、沢が四国にいると聞いた木曽は、再度沢を擁して挙兵をする計画を立て四国へ渡った。沢に会うことはできなかったが、讃岐の博徒で勤王家日柳燕石《くさなぎえんせき》と会談し、上京して長州藩邸に潜伏した。

一会桑体制の確立

文久三年（一八六三）八月の政変後、孝明天皇から信任を受けた一橋慶喜、松平容保、島津久光、伊達宗城、松平春嶽、山内容堂が参与《さんよ》に任命され、朝議に参画する参与体制が築かれた。翌元治元年正月には将軍家茂《いえもち》が上洛し、孝明天皇は前年とは違った破格の待遇をもって迎えている。天皇は家茂へ「夫《そ》れ醜夷征服は国家の大典、遂《つい》に膺懲《ようちょう》の師《し》を興さずんばあるべからず。然《しか》りと雖《いえど》も、無謀の征夷は実に朕が好む所にあらず。然る所以《ゆえん》の策略を議して以て朕に奏せよ」との詔勅を下した（『孝明天皇紀』第四）。攘夷は国家の大典であり征夷の戦いをおこすべきとしながらも、長州藩のような無謀な攘夷ではなく然るべき策略を立てよ、というのである。

家茂や諸侯を頼みとする一方で、天皇は三条実美を、自分の命を偽って軽率に攘夷の令を布告し、妄りに討幕の軍を興そうとしたと非難し、長州藩士を「暴臣」「狂暴の輩」と呼び、理由もなく夷船を砲撃し幕吏を暗殺し、勝手に三条らを本国へ誘引したなどと厳しく糾弾している（『孝明天皇紀』第五）。天皇は、文久三年八月十八日以前の詔勅を否定しており、今改めて幕府へ勅を下し、然るべき策を立てて幕府が攘夷を主導することを望んだのであるが、これは文久三年に起きた攘夷催促の繰り返しであった。

家茂は、いったん開港した横浜《よこはま》港の閉鎖を上奏した。しかし、この横浜鎖港問題を巡って参与の間で意見が割れ、諸侯の台頭を警戒した慶喜の思惑によって参与体制は短期間で瓦解する。四月、それに代わって一橋家（一橋慶喜、禁裏御守衛総督）・会津藩（松平容保、京都守護職）・桑名藩（容保の弟松平定敬《さだあき》、京都所司代）が一会桑《いちかいそう》体制を確立させた。一会桑体制の強固なところは、諸侯を立ち入らせない朝議と京都における軍事指揮権を一手に担ったことにあった。

長州藩の嘆願と禁門の変

政変以後、長州藩は一貫して藩主父子の冤罪《えんざい》を訴え、これまでのことは「破約攘夷の叡慮」「御親征の思召し」に従ったことであると主張してきた。しかし、朝廷は嘆願に上京してきた家老の入京すら許さなかった。十月に家老井原主計《いばらかずえ》が「奉勅始末」と題する弁明書を持って上京した際には、公家勧修寺《かじゅうじ》家の家臣が伏見で井原と会見し、これを収めている。

一会桑体制下で京都の警衛は一層厳しくなっており、元治元年（一八六四）六月、密議中の長州藩士や土佐の浪士たちが新選組に一網打尽にされた池田屋《いけだや》事件が起きる。これによって慎重論が一気に吹き飛んだ長州藩は、大挙上洛に及んだ。

六月二十七日、長州藩士と真木和泉が率いる忠勇隊《ちゅうゆうたい》をはじめとする各隊は洛中を囲むように八幡山《はちまんやま》・山崎《やまざき》・嵯峨《さが》に布陣した。七月十八日、朝廷の最終退去通告があったが、長州藩は「肥後守（松平容保）誅除仕《つかまつ》り候外は御座有るまじく」と、翌日一斉に軍事行動に踏み切った（『孝明天皇紀』第五）。

来島又兵衛《きじままたべえ》率いる隊が御所へ押し寄せ蛤御門で会津藩と激戦となり、真木和泉らの隊が堺町御門《さかいまちごもん》から鷹司邸へ侵入したが、会津藩に薩摩藩・桑名藩が応援に加わったことから大敗し、伏見から攻め上ってきた一隊も敗走した。真木和泉は山崎へ退き、天王山《てんのうざん》に立て籠もり自刃した。上洛途中であった毛利定広と五卿（錦小路頼徳は四月に下関で病没）は、敗報を受けてやむを得ず帰国した。八月十八日の政変以後の悲願であった攘夷国是・三条実美らと藩主父子の復権嘆願は、一藩総力を挙げて突き進んだ結果、大敗に終わった。

平野国臣の処刑

生野の変で平野国臣が捕らえられ六角獄舎へ投獄されたことで、京坂《けいはん》の薩摩藩有志や、京都に潜伏している志士たちは、彼の救出に奔走していた。幕府の勢力が増し一会桑体制が確立されていくなかでは、朝廷への周旋は困難を極めた。

四月十二日、平野が近々斬首刑に処されるとの情報がもたらされ、薩摩藩の折田年秀《おりたとしひで》や西郷従道《さいごうつぐみち》（西郷隆盛の弟）らは獄舎に火を放って牢を破る計画を練った。西郷隆盛は久光に面会し平野の救出に動いてもらいたいと嘆願したが、久光は、有為の士を処刑する幕府の政治を非難したものの動くことはなかった（『五峰小稿《ごほうしょうこう》』補遺下之巻）。また、壱岐《いき》某と称する薩摩藩士が犯罪を装ってわざと捕らえられ六角獄舎へ入ってきた。獄内を視察し脱獄計画を立て平野に勧めたが、平野はこれに応じなかったという（『平野国臣伝記及遺稿』）。

結局、救出に手をこまねいている間に長州藩の大挙上洛と禁門の変が勃発《ぼっぱつ》し、それどころではなくなった。禁門の変の翌日の七月二十日、戦火が六角獄舎へ迫り、獄中の浪士たちの脱走を危惧した幕府大目付永井尚志《なおむね》と京都町奉行は、平野ら三十三名を突如斬首刑に処した。この処刑はまさに暴挙で、松平容保は京都町奉行を厳しく諫めたという（『京都守護職始末』）。

これによって、捕らえられていた天誅組と生野の変の残党のほとんどが処刑されたことになる。平野の辞世がある。

みよや人嵐の庭のもみぢ葉は　いづれ一葉《ひとは》も散らずやはある

（『平野国臣伝記及遺稿』）

天誅組隊士の長州潜伏

天誅組の隊士の多くが鷲家口《わしかぐち》で彦根兵、紀州兵と戦って戦死し、あるいは津藩の残党探索で囚《とら》われるなか、池内蔵太《くらた》などが独自に潜行して入京を果たした一方、大坂長州藩邸へかろうじて辿り着いた中山忠光ら七名は、すぐさま留守居宍戸九郎兵衛の計らいで長州本国へ逃れた。三田尻へ到着したのは十月五日とされる（『豊北町史』二）。沢宣嘉の一行が生野挙兵のために三田尻を出たのが十月二日夜であるから、わずか三日の差であった。

長州藩は対応を協議し、忠光ら一行を家老益田親施《ちかのぶ》の領地である弥富村《やどみ》（山口県萩市）の全柳寺《ぜんりゅうじ》へいったん潜ませた。しかし忠光は潜伏生活に大いに不満を抱いた。「例の持病の我儘《わがまま》出、荒れ廻り、孰《いず》れもこまり入り候」と家老の浦靱負《うらゆきえ》は、忠光のいつもの我儘が出て困り果てていると嘆息している（「浦日記」）。

ここまで忠光に付き従ってきたのは半田門吉《かどきち》・島浪間《なみま》・上田宗児・伊吹周吉・山口松蔵・万吉とされるが、滞在中の十月三十日、彼らの間で激論があり、翌日一行は寺を出て別々になったという（「中山忠光卿の長州弥富村での二十日間」『山口県地方史研究』第五十号）。激論がどういう内容であったか示す史料はないが、長州藩側が忠光に対し、藩内にいたければおとなしく潜伏していてもらいたい、できなければ藩外へ行くしかない、と告げたものと思われる。半田らは再挙を図るべく、ここで忠光の側を離れることになったが、忠光は自分だけが潜伏を強要される現状が我慢ならなかったようだ。久坂玄瑞が九州に身を隠すように説得したことから、忠光は大村藩《おおむら》へ向けて出航した（「浦日記」）。

忠光の扱いについて、長州藩はかなり苦心し持て余した。この時期、五月十日の外国船砲撃以後、たびたび報復に来襲する外国船と交戦し関門海峡を封鎖している状態で、かつ京都における失地回復を目指して緊迫した状況が続いていた。七卿（この時点では六卿）の滞在がある上、幕府の捕縛対象である忠光が藩内にいることが明るみに出れば、朝廷への三条実美らと藩主父子の復権嘆願の阻害になる恐れがあった。

忠光はいったん出航したものの、風浪《ふうろう》に阻まれて渡海できず再び下関へ戻った。単身法体《ほったい》（僧の姿）に身をやつし、十一月十一日に下関の白石正一郎邸を訪ねている。白石と奇兵隊総管が相談し、忠光を奇兵隊へ迎え入れることになったが、長府《ちょうふ》藩（長州藩の支藩）に仕えていた白石の弟大庭伝七《おおばでんしち》が藩主毛利元周《もうりもとちか》へ、忠光の身柄を預かってはどうかと進言した。これを容《い》れた長府藩は、家老三吉周亮《みよしかねすけ》の領地庭田《にわた》村（山口県下関市豊田町）へ忠光を引き取っている。

長州藩は、この一連の動向を中山家へ報告しており、父忠能《ただやす》はおおむね把握していた。しかし京都では忠光が帰邸しているとの風聞が立ち、京都守護職は中山邸を数度にわたって探索している（『会津藩庁記録』三）。幕府は忠光を執拗《しつよう》に追及していたのである。

中山忠光の暗殺

その後も忠光は周囲の諫言を聞かずにいたようで、十二月に入って長府藩から、扱いかねる旨の相談が長州藩へ寄せられた。家老らが揃って協議したが、やはり当初決まったように長府藩へ一任するしかない、との結論になった（「浦日記」）。長府藩は、延行村《のぶゆき》（山口県下関市延行）に新居を建て、長府藩士国司直記《くにしなおき》ら三人を付き添わせ、さらに赤間《あかま》町の商家恩地与兵衛《おんちよへえ》の娘を側女《そばめ》に置いた。しかし、今は自重するように説得しても、忠光は何度も潜伏場所を勝手に飛び出し国司らを困らせた。そのうちに幕府の密偵らしき者が現れたことから、半ば強制的に人目に付きにくい辺鄙《へんぴ》な場所へと居を移し、元治元年（一八六四）八月には田耕《たすき》村（下関市豊北町）の百姓家へ入った。

七月の禁門の変ののち、長州藩追討の勅命が出され、さらに英米仏蘭四カ国連合艦隊による下関攻撃を受けた長州藩は、幕府へ恭順姿勢を取る俗論党の椋梨藤太《むくなしとうた》らが藩政を掌握していた。幕府が長州総攻撃を十一月十八日と定め、それが直前に迫るなか、俗論党は幕府の要求通りに禁門の変の責任者である三人の家老（福原越後《ふくばらえちご》・益田親施・国司信濃《くにししなの》）を切腹させ、四人の参謀を斬首に処した。長州藩の謝罪恭順を認めた幕府は総攻撃を中止すると、藩主父子の謝罪状の提出、山口城の破却、五卿の他国移転を命じた。

この時に俗論党は、三家老の切腹などによる恭順以外に、防長二州の急難を逃れるためには忠光を総督府に引き渡すべし、と長府藩へ意を含めたとされる（「中山忠光卿来藩と藩之処理」）。それを受け、長府藩目付林郡平《はやしぐんぺい》が「忠光を存命せしめば国の為に宜《よろ》しからず」と発言し殺害が決定された（「中山忠光卿略歴」）。長府藩は、これまで身辺警護をしていた国司直記を解任すると、松村良太郎《まつむらりょうたろう》と三浦市太郎《みうらいちたろう》ら六名の藩士を送り込み、十一月八日夜に忠光を外へ誘い出して暗殺した。長府藩は、忠光は酒色に溺《おぼ》れて衰弱し病死したと届け出て、奇兵隊や天誅組残党らの真相追及をかわし続けた。

天誅組隊士のその後

弥富村で中山忠光のもとを離れた半田門吉らは、再度討幕挙兵を起こすべく別々に動いた。半田は九州へ出て各地の様子を探索しようと考えたが、天誅組と生野の変の残党の追及が厳しく、長州藩外へ出るのは危険な状態であった。元治元年（一八六四）二月になって隊士十九名が京都で処刑されたとの知らせが届くと、半田・小川佐吉・池田謙次郎・伊吹周吉・上田宗児・島浪間の六名は忠光を擁して上京する決意を固めた。一同は三条実美へ「奸の巨魁に向かい斃《たお》れ度《たく》存じ奉り候」と、たとえ少人数であっても松平容保を討って死にたいとの決意を述べている。恥を忍び死を逃れてきたのは、恢復《かいふく》の機会を得て恥辱を雪《すす》ぐためであり、皇国のため同志の仇《あだ》のために、事の成否は天に任せ中山卿の御供をして上京したいと切に願ったが許されなかった（「中山忠光左右長州屋富村に立籠る動静及今後動向開申」）。半田は、弥富村で別離して以後の忠光の潜伏場所が知れず、上京討ち入りも許されないことから憂憤の

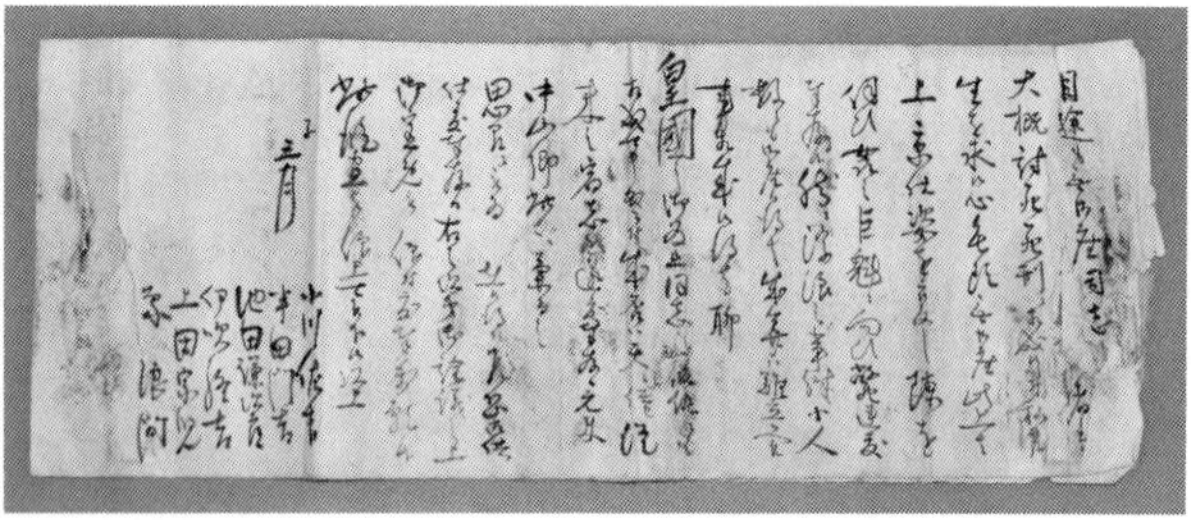

元治元年３月付の半田門吉らによる挙兵嘆願書（下関市立歴史博物館蔵）。天誅組生き残り隊士６名が、２月に六角獄舎で同志が処刑されたとの知らせを機に、松平容保を討つために上京したいと三条実美らへ嘆願したもの

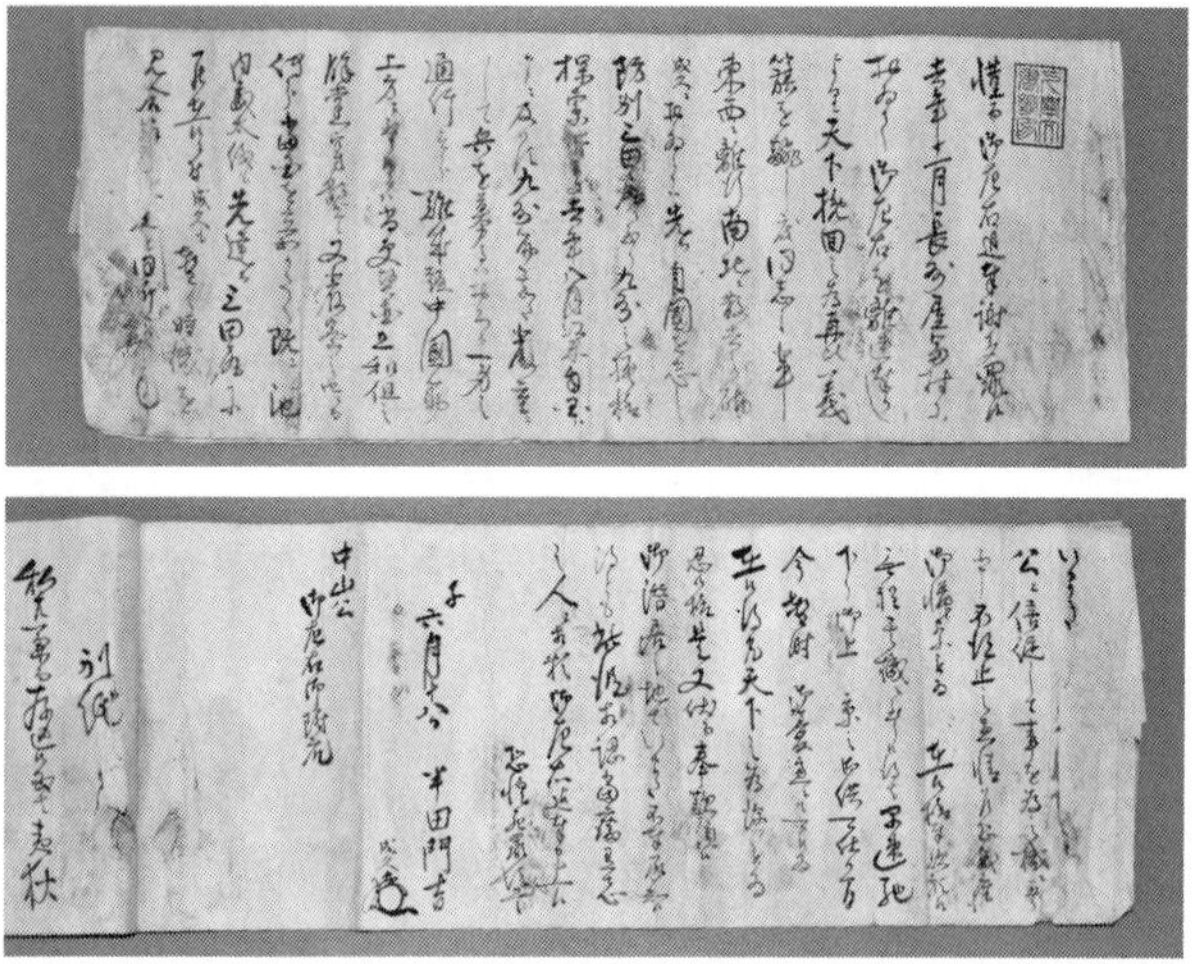

元治元年６月付の中山忠光御附衆宛て半田門吉書簡（下関市立歴史博物館蔵）。長州藩の大挙上洛に従軍する半田が、忠光への慕心と上京の決意を記したもの

日々を送った。

六月に入り長州藩は、池田屋事件が起爆剤となり大挙上洛を決定した。半田は、真木和泉に従って出陣すべく準備にかかったが、唯一忠光が気掛かりであった。出発当日に忠光の側役宛てに出された書状は、忠光への敬愛に溢れたもので「長州藩とともに上京するが、機会が来れば早速馳せ下り上京の御供をいたしたいので、今しばらく天下のためにも忍ばれたい」と綴《つづ》られている（「中山忠光左右長州屋富村に立籠る動静及今後動向開申」）。この長州藩の上京が翌月の禁門の変となり、半田は鷹司邸付近で戦死した。

沢宣嘉の潜伏

生野を脱出した沢宣嘉は、田岡俊三郎（小松藩士）、森源蔵《もりげんぞう》（徳島《とくしま》藩士）、高橋甲太郎《たかはしこうたろう》（出石藩士）に導かれ、十月十八日に四国の丸亀《まるがめ》（香川県丸亀市）へ渡った。森の手引きで十九日には和田浜《わだはま》（香川県観音寺市）で綿業を営む平山政蔵《ひらやままさぞう》の蔵に隠れ、二十日の夜に伊予国宇摩《うま》郡蕪崎《かぶらさき》村（愛媛県四国中央市）の医師三木《みき》俊造（田岡の妻の兄）宅に潜伏した。俊造は床下に一丈（約三メートル）四方の穴を掘り、沢宣嘉を匿っている。床下での生活はあまりに苦しく、十日余りを過ごしたのち、俊造の手引きで新居《にいい》郡垣生《はぶ》村（愛媛県新居浜市）の三木左造宅へ移った（「記沢宣嘉公履歴」）。元治元年（一八六四）正月前後は、宇摩郡北野《きたの》村（四国中央市）の尾崎山人《おざきやまんど》のもとにいたとされる。尾崎は天誅組の松本奎堂・藤本鉄石、生野の変の美玉三平・田岡俊三郎らと親しく、三条実美や沢宣嘉らのもとに出入りしていた勤王家である。しかし尾崎の家に幕吏の探索が及んできたため、再度三木左造宅へ潜んだ。この間、田岡や尾埼らは小松藩医近藤鼎吉《こんどうていきち》を三条実美のもとへ送り、沢の無事を知らせた。六月、田岡と高橋を伴って長州藩へ戻った沢は、下関の白石正一郎邸へ入ったのち、阿武《あぶ》郡生雲《いくも》村（山口県山口市）の豪農大谷忠兵衛《おおたにちゅうべえ》（久坂玄瑞の叔父）の別宅に身を寄せた。田岡は三田尻で別れ、高橋ひとりが沢の側に付いていた。

しかし俗論党が藩政を握った藩内において、中山忠光と同様に沢にも危険が及んだようだ。十一月九日、沢の身辺の世話をしていた御内用掛の服部勘兵衛《はっとりかんべえ》が役目を免じられている（「服部勘兵衛日記写」）。服部の突然の罷免《ひめん》に、高橋らは困惑した。その前後に藩から、沢の潜伏場所に大津郡大浦《おおうら》（山口県長門市）か阿武郡大井《おおい》村（同県萩市）のどちらかを選ぶよう指示があった。高橋が服部に土地柄を聞いたところ「大浦は俗論党の巨魁が多い地である」という返答であった。「服部勘兵衛日記写」には巻末の付記に「勘兵衛が辞職せしも此党の為に脅迫せられて止むを得ざるもの由たるやと思わる」と記されている。沢や高橋らは、俗論党が沢を監視あるいは暗殺しやすい場所へ移そうとしており、藩上層部を脅迫して服部を罷免させた、との見方をしていたようだ。

その後、沢の側に付いたのは柳図書《やなぎずしょ》という俗論党の者であった。長府藩に忠光を始末させたのち、次に沢を狙ってきたと推測される動きである。徐々に危機が迫るなか、何者かが沢へ「もし脱走して下関へ向かえば、途中で待ち伏せがあるだろう。放蕩《ほうとう》を装って暮らすべし」と進言をしてきた（「記沢宣嘉公履歴」）。それを容れてか、沢は情勢に無関心を装い酒宴続きの日々を送り、十二月には謝罪の姿勢を見せて、罪人の流刑地である大島《おおしま》（萩市）へ渡り難を避けた。島を出たのは慶応元年（一八六五）正月二十八日のことで、島から出ても、ひたすら周囲との接触を避けた潜伏生活を続けた。

長州再征討の勅許

参与体制が瓦解した後の元治元年（一八六四）四月、島津久光は京都を去ったが、ここで久光の政治方針に不満を抱きはじめた西郷隆盛、大久保利通ら誠忠組の藩士が表舞台に出てくる。西郷は、幕府はもはや衰退しており、大藩同士が手を繋がなくては皇国の衰運に関わる、と考えはじめていた。

西郷、大久保らが幕府を見限った事件として、水戸藩の天狗党《てんぐとう》の乱が挙げられる。元治元年三月、天狗党と呼ばれる水戸藩の尊攘激派が奉勅攘夷を掲げて筑波山《つくばさん》に挙兵した事件である。攘夷の手始めとして横浜港鎖港を掲げ挙兵した天狗党は、藩内の保守派の諸生党《しょせいとう》などと戦いながら、攘夷実行を朝廷へ訴えるため京都へ向かったが途中で加賀藩に降伏した。慶応元年（一八六五）正月、彼らは敦賀《つるが》の鰊蔵《にしんぐら》に軟禁され、首謀者の武田耕雲斎《たけだこううんさい》や藤田小四郎《ふじたこしろう》（藤田東湖《とうこ》の子）ら三百五十人余りが斬首刑となった。幕府は、天誅組や生野の変同様に権威を持って鎮圧したのであるが、大久保は、大勢の降人《こうにん》に対して残虐無慈悲な刑を処したことについて、実に聞くに堪えない処置だと吐き捨て、「是を以て幕滅亡の表《おもて》（しるし）と察せられ候」と断じた（『大久保利通日記』上巻）。

天狗党の苛烈な処置を行った幕府は、ここで再び長州藩の征討に乗り出した。閏五月に将軍家茂が上京参内し大坂城へ入っている。幕府は長州藩の処分を朝命でもって遂行しようとし、長州の末家である毛利玄蕃と吉川経幹《つねまさ》に召致命令を下したが、長州藩は三家老の処刑で謝罪は済んでいるとして幕命拒絶を貫いた。長州再征討に反対する諸藩は多く、征討の名分が曖昧であり、かつ外患が迫るなかで実行するとなれば諸藩の反発を招き天下の争乱となる、と危惧した。幕府が威厳を保つために、朝廷の権威を借りて征討したいだけであると、冷静に見ている諸侯が多かったようだ。

既に公武合体の方針を転換していた薩摩藩は、大久保が長州再征討を阻止すべく朝廷の周旋に乗り出した。関白二条斉敬《なりゆき》・内大臣近衛忠房・朝彦親王へ「長州の処分と外国交渉は衆議によって定むべき」と説いて回った。長州再征討を衆議で決定すると自然中止になる算段である。

しかし九月二十一日、幕府の奏上に対し長州再征討の勅許が下された。大久保は「追討の名義がいずれにあるのか。これを朝廷が許したまうならそれは非義の勅命であり、非義の勅命は勅命にあらず」と強い言葉で非難した（『鹿児島県史料　忠義公史料』第四巻）。大久保は朝彦親王に対しても「朝廷是《これ》かぎりと何共《なんとも》恐れ入り候次第」と言い捨てている（『朝彦親王日記』二）。

安政条約の勅許

将軍家茂の上坂を見て、英仏蘭米の四カ国艦隊が兵庫沖へ停泊し、安政五カ国条約の勅許・兵庫先期開港・税率改正を要求した。勅許がないまま井伊直弼が調印した安政五年（一八五八）の通商条約は、朝幕間の問題として長く横たわっており、朝廷は条約破棄と攘夷実行を事あるごとに幕府へ要求してきた。条約の履行を迫ってきた四カ国へ対し、近衛忠房は薩摩藩を頼りにし、薩摩藩士を随従として大原重徳《しげとみ》を兵庫へ派遣しようと考えた。外交が幕府主導から離れることを危惧した一橋慶喜は、大原の下向を阻止すると、朝廷へ強く勅許を迫った。

慶応元年（一八六五）十月五日、ついに孝明天皇は条約勅許の勅書を下した。安政五年以来、条約を拒絶し攘夷の宸意を貫いてきた孝明天皇が条約を勅許したことは、公家や諸藩へ大きな動揺を与えた。岩倉具視は「誠に以て仰天、言語《ごんご》もこれ無き事に候」と驚愕し、「嘉永六年以来、国難にかかって死亡した者幾千人は皆、攘夷の叡旨を助けて国辱を清めんとの思いであったのに、一橋慶喜が勅許を迫ったからといって朝廷から何の詰問もなく勅許せられたのは、あまりに無情である」と大息した。攘夷を叡慮としてきた天皇が外国との条約を許し、奉勅攘夷を実行してきた長州藩の征討を許したことに「最早《もはや》、皇国といえども今日までの事」と失望している。

これまで見てきたように、たびたび勅命は覆されてきた。勅命とは廷臣によって簡単に出され簡単に覆されるものと、朝廷への不信と失望が一気に諸藩に広まった。幕府に見切りをつけた薩摩藩は、筑前勤王党や土佐藩の坂本龍馬、中岡慎太郎、土方久元らの仲介を経て長州藩と和解し提携へ向かっていく。これが慶応二年（一八六六）正月の「今日より双方、皇国の御為、皇威相輝き御回復に立ち至り候を目途に誠心を尽くし、屹度《きっと》尽力仕《つかまつ》るべしとの事」（『木戸孝允文書』二）と謳《うた》われた薩長同盟の成立となる。

幕長戦争の勝利

薩長同盟によって政局は大きく動くことになる。幕府は三十藩以上を動員して二度目の征長軍を起こすが、薩摩藩と広島《ひろしま》藩は出兵を拒絶した。慶応二年（一八六六）三月には五卿を大坂へ移転させるため幕府役人が太宰府《だざいふ》へ向かったが、薩摩藩が五卿の警衛を固め幕府に手出しを一切させず守っている。

六月、幕府の征長軍と長州藩が衝突する幕長戦争が勃発したが、長州藩の士気に比べて征長軍の士気は低く、武器等の装備も劣悪で各所で敗退した。広島に出向いていた老中本荘《ほんじょう》宗秀《むねひで》は独断で長州藩との講和を図ろうとしたが失敗し、もともとこれに反対していた諸藩は兵を動かさずに傍観し、あるいは早々に戦線離脱をした。

畿内各所では暴動が頻発した。幕府は戦争にかかる軍資金を調達するため、大坂の豪商へ金二百五十二万五千両の御用金を命じており、それにより物価が高騰し、人々の不満が爆発したのである（『維新史』第四巻）。七月には将軍家茂が大坂城で没し、小倉《こくら》藩領における戦闘で征長軍が敗走したことにより一橋慶喜は休戦を表明した。

徳川宗家を継いだ慶喜は十二月五日に征夷大将軍に任じられたが、同月二十五日に孝明天皇が崩御されて軍備を解いた。幕府の権威は失墜し、雄藩が幕府に対抗し得ることが実証され、以後は、諸侯の意見を徴し公論によって国策を決定する公議政体へ進むことになる。

討幕の密勅

慶応三年（一八六七）正月、十六歳の睦仁《むつひと》が践祚《せんそ》し天皇となった（明治天皇）。これまで朝譴《ちょうけん》（朝廷の咎め）を蒙《こうむ》っていた公家が赦され、朝廷人事が一新されると、情勢は一気に王政復古、討幕運動へと向かっていく。

八月には薩摩藩から具体的な討幕挙兵計画が長州藩へ示され、薩摩藩挙兵の際に長州藩が援助する手筈となった。具体的な内容は、在京の薩摩藩士千人のうち三分の一で御所を守衛し正義の堂上を参内させること、三分の一で会津藩邸を急襲すること、残り三分の一で堀川《ほりかわ》辺りの幕兵屯所を焼き払うこと、国元から兵三千人を上らせ大坂城を攻め落とし停泊中の軍艦を討つこと、江戸在住の藩士や水戸浪士などの同志が甲府《こうふ》城に立て籠もり、江戸から旗本の兵が上京するのを防ぐこと、と取り決められた（『維新史』第四巻）。

文久二年（一八六二）の伏見挙兵が、ここでようやく雄藩の手によって実現を見ようとしていた。これに広島藩も加わって三藩による討幕の協議が行われ、盟約が結ばれた。十月、三藩は中山忠能らへ討幕の勅命降下の周旋を願い出、大久保利通の報告を受けた岩倉具視が討幕の詔勅案を練って忠能へ託した。ついに十月十四日には長州藩と薩摩藩へ討幕の密勅が下された。

平野が「回天管見策」で述べたように、雄藩が義を結び勅命を奉じて兵を挙げる策が、ここで現実となったことを見れば、平野の論にようやく時代が追い付いてきた感がある。

大政奉還と新政府の発足

慶応三年（一八六七）十月十四日、土佐藩の周旋によって徳川慶喜が政権返上を朝廷へ奏上し、翌十五日、これが受理された（大政奉還）。これにより討幕挙兵はいったん中止となったが、朝政の主導権を慶喜が握り、幕府政治がそのまま朝廷で行われる事態に、西郷隆盛、大久保利通、岩倉具視らは政変の断行を決意する。その手始めとして長州藩の宥免《ゆうめん》、長州藩主毛利敬親父子の官位復旧、文久二年（一八六二）以後に勅勘（天皇の咎め）を蒙った公家の赦免の沙汰が下される。ここで長州藩はようやく立場を取り戻し、三条実美らも官位が復旧されて入京が許されたのである。

十二月九日、会津藩、桑名藩に代わって土佐藩、広島藩、薩摩藩、福井藩、尾張藩の兵が御所を固めると、岩倉の主導により朝議が始まり、王政復古の沙汰が下され新政府（いわゆる明治政府）が発足した。摂政《せっしょう》、関白、征夷大将軍、議奏、伝奏、国事掛、守護職、所司代などの官職を廃し、新たに総裁、議定《ぎじょう》、参与の三職が置かれ、新人事のもと、徳川慶喜の内大臣辞官と幕府領納地が決定された。太宰府に滞在していた三条実美ら五卿は十二月に、沢宣嘉は翌明治元年（一八六八）正月に朝廷への帰還を果たしている。

明治元年正月、幕臣や会津藩、桑名藩の藩士らの憤懣《ふんまん》は限界に達し、徳川慶喜は討薩挙兵に動き出す。薩摩藩、長州藩と旧幕府軍は京都の鳥羽口《とばぐち》と伏見で激戦となり、旧幕府軍は大坂へ敗走した（鳥羽・伏見の戦い）。新政府は徳川慶喜追討令を発し、慶喜、松平容保ら旧幕閣の官位を剝奪《はくだつ》し、味方する諸侯の入京を禁じた。

戊辰戦争が本格的に開始された正月四日には、西園寺公望《さいおんじきんもち》が山陰道鎮撫総督となり薩長の兵を率いて山陰地方の制圧に乗り出した。農兵が糾合され、新政府軍に参加する村には年貢半減令が布告されている。新政府の新職設置、幕府領納地、農兵の糾合、年貢半減など、奇《く》しくもそれらは天誅組が五條で実践した「新政府」構想の大成であった。

高杉晋作の述懐

高杉晋作は、無断で上京した罪で野山獄《のやまごく》中に入牢の身となっていた元治元年（一八六四）四月、天誅組総裁吉村虎太郎と生野で自刃した総督河上弥市を偲《しの》んでいる。

知己従来二君を懐《おも》う　繫囚君の墳を拝するを得ず
日東の正気天地に冠《かん》たり　説《と》くを休《や》めよ張　巡《ちょうじゅん》と霽雲《せいうん》とを

予の知己、天下に多し。しかして能《よ》く我が心を知る者、土州吉村虎太郎・我藩河上弥市なり。弥市但馬に於いて節に死し、虎太大和に於いて節に死す。二人の義烈頗《すこぶ》る今時に冠たり。しかして虎太は張巡に類し、弥市は霽雲に類す。しかれども、二人の節儀、固《もと》より巡雲の及ぶ所にあらざるなり。

（「投獄文記」『高杉晋作史料』第二巻所収）

意味は、次のようになる。

今、ふたりを懐かしく思い出している。繫囚《けいしゅう》の身ではふたりの墳墓を拝することもできない。日本の正気は最も優れているのだから、今さら唐《とう》の張巡と南霽雲《なんせいうん》の正気を説く必要などなかろう。自分の知己は天下に多いが、我が心をよく知る者は土佐の吉村虎太郎と我が藩の河上弥市のみである。弥市は但馬において節義（道を守り通すこと）に殉じ、虎太は大和において節義に殉じた。ふたりの義烈は当代で最も優れている。もとより張巡と霽雲の及ぶところではない。

張巡・南霽雲とは、唐における忠義に優れた武将として知られる。南霽雲は南八《なんはち》と呼ばれており、彼を尊敬していた河上弥市は沢に従って脱落する時、霽雲にあやかって南八郎の変名を名乗った。

ふたりの遺志を継ぐように、元治元年（一八六四）十二月、高杉は俗論党が牛耳る藩政府打倒を掲げて挙兵した。高杉にとって天誅組総裁吉村虎太郎と生野で挙兵した総督河上弥市は、尊王攘夷に殉じた潔い生き様であった。高杉のこの言葉で明らかなように、彼らの討幕運動は節義そのものであり、高杉をはじめその後の人々に引き継がれた。

天誅組の意義とは

王政復古、討幕運動に最終的に薩摩藩と長州藩が動いたわけだが、文久二年（一八六二）の伏見挙兵、文久三年の天誅組の変と生野の変という浪士の蜂起を経て慶応三年（一八六七）の王政復古まで五年の歳月が流れている。

この間、薩摩藩誠忠組は有志の突出の道を探り、久坂玄瑞（長州藩）は「諸侯恃《たの》むに足らず、公卿恃むに足らず、草莽志士糾合義挙の外には迚《とて》も策これなき事」と、藩も公家もあてにならないので草莽志士が集まって挙兵するしかない、と決意表明をしていた（文久二年正月二十一日付、武市瑞山宛て久坂玄瑞書簡。『武市瑞山関係文書』一）。また清河八郎も、公家や諸侯は寡弱で恃むに足る者は草莽義侠《ぎきょう》のみであると述べている（『潜中始末』）。

藩が有志の挙兵や突出を許さない態度を取ってきたことは伏見挙兵で見た通りで、天誅組の変や生野の変でも長州藩は動かなかった。しかし、これらの挙兵によって、静観を決め込んでいた藩は、藩同士の連携、討幕運動へ導かれたといえる。

一方で、平野国臣が浪士の烏合では討幕はできないと主張してきた通り、出身地や身分を超えた集団は、危機的な状況では団結が崩れた上、「上には王室を尊び、下には万民を利し」（「回天管見策」）という民の苦しみを救う使命を外れ、戦いの最中《さなか》で民家を焼き討ちするなどの、自らの軍令を破る行為があったことも事実である。

旧幕臣で政治評論家の福地源一郎《ふくちげんいちろう》（桜痴《おうち》）は、著書『幕府衰亡論』で天誅組の変と生野の変について「両挙は当時においてこそ左《さ》までの影響なき様に見えたれ、今日よりして深く時勢の変移を察すれば、幕府はこのために頗る重傷を被りたりと言わざるべからず」「然《しか》らば則ち討幕の大火団《だいかだん》は、この一小暴動これが燐寸《マッチ》の導火となって、後日に爆発せりと云うべきか」と述べている。天誅組隊士たちは刑場に消えたが、明治新政府発足の四年前にその形を示した画期的な試みであり、大藩を討幕へ導いた一大事件であったといえよう。

託された「回天管見策」

文久三年（一八六三）、大和国五條から戻ってきた平野国臣は但馬へ向かう前、大坂の旅宿の一室で月照の遺品である袈裟《けさ》を取り出し、密かに流涕《りゅうてい》した。たまたま隣室にいたのが岡藩士小河《おごう》一敏で、文久二年の伏見挙兵の同志であった。ここで平野は但馬で挙兵する計画を話している。小河は計画を制止したが、平野は自分の烏帽子《えぼし》・直垂《ひたたれ》とともに一冊を取り出すと、「余が肥後の同志松村大成方へ寄寓《きぐう》中、起稿せしものにして別冊は薩公に奉れり。ここに有するものはその原稿にして回天管見策なり。今足下《そっか》に贈る」と小河に託した（「故平野次郎国臣自筆回天管見策附録」)。

明治になり県令として堺県《さかい》(和泉国を分割して置県)に赴任した小河は、平野国臣の遺児種二《たねじ》と出会い、かつて託された「回天管見策」を贈った。しかし平野種二から人の手に渡り所在不明となり、ある時から福本日南《ふくもとにちなん》が所持していることが判明した。福本は平野と親交が厚かった元福岡藩士で、この時、陸羯南《くがかつなん》らと新聞「日本」を創刊し、ジャーナリストとして活躍していた。元筑前勤王党の早川勇《はやかわいさむ》によって平野の真筆と判断された「回天管見策」は、元福岡藩士の山中茂《やまなかしげる》の手で再び小河のもとへ持ち込まれた。

小河は感激して述べている。「この書はこれ維新中興の際、諸有志の意見書中最も有力なるものなり。今や余は已《すで》に老いたり。子乞《しこ》う、これを秘蔵して後進の士に伝えよ」(「故平野次郎国臣自筆回天管見策附録」)。その切望を受けて明治二十三年(一八九〇)、平野の弟平山《ひらやま》能忍から宮内《くない》大臣の土方久元を通じて宮内庁へ献納された(「故平野二郎国臣真蹟を献納する願書」)。こうして「回天管見策」は、獄中の平野が紙縒《こよ》りで文字を綴って書き上げた「神武必勝論」とともに、現在、宮内庁書陵部図書寮《ずしょりょう》に納められている。

あとがき

　地方の郷土史ほど面白いものはないと思っている。ましてそれが、現在もその地で顕彰され慰霊されていると、深く心に感じ入る。幕末の諸事件に関して、その顕彰と慰霊は早いものでは幕末当時から行われており、明治には殉難志士への贈位も相まって各地で行われた。しかし、今ではそれらの碑の存在も内容も地元の人が知らず、郷土の歴史を子供たちへ教えることも少なくなった。

　私が天誅組に興味を持ち、奈良県に吉村虎太郎の墓があると知って初めて掃苔《そうたい》をしたのは十八、九歳の時であった。小雨の降る中、車の免許を取ったばかりの拙《つたな》い運転をして行った先で見たものは、まさに血の通った歴史そのものであった。学校で年号と出来事の暗記しかしてこなかった私が、これまで習った歴史が実際に起こったものであり人々が生きていて今に繋がっていると初めて実感したのである。

　多くの人は、それは当たり前ではないかと思われるかもしれない。しかし悲しいかな、戦後の教育を受けた私にとって、そうではなかったのである。

そこから私の天誅組研究が始まった。敢えて言うと、私は大学で日本史を専攻したわけでもなく、文学の勉強をしたわけでもない。ただひたすら史料を読み現地で彼らの足取りを追い、丹念にその事蹟を調べ上げてきた。その間、多くの先輩諸氏との出会いに恵まれ、いくつかの本を出させていただいた。天誅組に光を当て天誅組とは何かと少しでも世に問うことができたという多少の自負もある。天誅組決起から百五十年目の平成二十五年（二〇一三）には数々の記念事業に参画し、淡交社から『実録 天誅組の変』を刊行することができた。

平成二十五年は生野の変から百五十年でもあり、生野義挙一五〇年顕彰事業にご縁をいただいたこともあって、兵庫県朝来《あさご》市に何度か足を運んだ。生野の変は実質三日で破陣した小さな事件にもかかわらず、顕彰と慰霊が驚くほど丁寧にされていた。その地元の人々の姿勢にも感動し、生野の変についても、いつか書きたいと思いながら年月だけが過ぎていった。

令和元年（二〇一九）の冬、中央公論新社の上林達也氏から天誅組の変と生野の変について書かないかというお話を突然いただいた。天誅組の変ならいざ知らず、生野の変に言及されたことに驚いた。かねてから書きたいと思っていた内容そのままの提案に喜んでお引き受けはしたものの、思った以上に時間がかかってしまった。書き始めてから約三年、ここに上梓《じょうし》できて安堵《あんど》している。

元薩摩藩士で、明治以後は島津家の修史事業を手掛けた島津侯爵編輯方の市来四郎《いちきしろう》という人物がいる。本書でも随分お世話になった『鹿児島県史料　忠義公史料』『同　玉里島津家史料』の編纂の中心人物で、史談会の設立と運営にも従事した。その市来四郎が、明治二十六年（一八九三）二月二十二日の談話で歴史の編述について次のように述べている。

「維新の事業は開闢《かいびゃく》以来未曽有なことでございますから、その成り立《なりたち》たる源由《げんゆう》（由来）と尽力した人の精神を能《よ》く見ねばならぬことと思います。（中略）精神の所在と事蹟と並んで記さねば、後世亀鑑《きかん》とするに遺憾《いかん》なことと思います。たとえば某藩士があって尊王を唱えて苦しみを受け、或《ある》いは獄窓に呻吟《しんぎん》して死したるも、その精神を受け継ぐ者があって、そうしてまたひとりの人がその精神を受け継いで、遂に大勢となりたる等《など》、その困難辛苦をなした人が即《すなわ》ち源由なりと考えます」（『史談会速記録第八輯』）。

つまり、明治維新が成立した由来は、獄にあって詩を詠み歌を詠み死んでいった尊王の士と、その精神を困難の中で受け継ぎ繋いできた人々にこそあり、その精神の所在と事蹟の両方を記さねばならぬ、という。私はこの言葉に大いに賛同する。とはいえ、本書がそのようにバランスの取れたものになったかといわれれば心許なく、力不足はお許しをいただきたい。

振り返ってみれば、天誅組に関わってから約三十年が経過した。この間、支えて応援をしてくれた両親、これまでの研究活動でご指導を賜ったすべての方々、そして中央公論新社の上林氏、編集の労を取ってくださった並木光晴氏に、この場を借りて厚く感謝と御礼を申し上げる。
奇しくも本年は天誅組の変、生野の変から百六十年の節目にあたる。歴史は本のみがそれを表しているのではなく、土地と先哲の顕彰にも表れている。本書によって多くの人にこの両挙を知っていただき、かつての私のようにその土地に実際に訪れて掃苔をいただければ、この上ない喜びである。

令和五年一月

舟久保　藍

主要参考文献

史料

宮内庁書陵部図書寮文庫蔵「回天管見策」
宮内庁書陵部図書寮文庫蔵「神武必勝論」上・中・下
国立公文書館内閣文庫蔵「銀山新話」
国立公文書館内閣文庫蔵「浪花江草」乾・坤
国立公文書館内閣文庫蔵「大和日記」
五條市立図書館蔵「本城久兵衛日記」
下関市立歴史博物館蔵「中山忠光左右長州屋富村に立籠る動静及今後動向開申」
下関市立歴史博物館蔵「中山忠光卿御来藩と藩之処置」
三重県立図書館蔵「皇都異変並和州表屯聚之浪士御追討之節出陣中諸雑集及日記」（「天誅組合戦記」）
山口県文書館蔵「浦日記」
山口県文書館蔵「中山忠光卿略歴」
山口県文書館蔵「服部勘兵衛日記写」
山口県文書館蔵「夢のなこり」（巻末に「記沢宣嘉公履歴」）

＊

維新史料編纂会編修『維新史』三・四巻（吉川弘文館、一九八三年）
維新史料編纂会編『維新史料編纂会講演速記録』第一〜十三輯（維新史料編纂会、一九一一〜一八年）
一坂太郎・道迫真吾編『久坂玄瑞史料』（マツノ書店、二〇一八年）
一坂太郎編、田村哲夫校訂『高杉晋作史料』第二巻・第三巻（マツノ書店、二〇〇二年）
大久保利和等編『大久保利通文書』第一（日本史籍協会、一九二七年）
大塚武松編『岩倉具視関係文書』第一・第二（日本史籍協会、一九二七〜二九年）
大塚武松編『楫取家文書』第一（日本史籍協会、一九三一年）
小川常人編『真木和泉守全集』上・中・下巻（水天宮、一九九八年）
小河一敏『王政復古義挙録』（新人物往来社、一九六九年）
折田年秀『五峰小稿』補遺下之巻（折田年秀、一八九六年）
鹿児島県維新史料編さん所編『鹿児島県史料　忠義公史料』全七巻（鹿児島県、一九七四〜八〇年）
鹿児島県歴史資料センター黎明館編『鹿児島県史料　玉里島津家史料』一（鹿児島県、一九九二年）
霞会館華族家系大成編輯委員会編『平成新修旧華族家系大成』上・下巻（霞会館、一九九六年）
木戸孝允関係文書研究会編『木戸孝允関係文書』第三巻（東京大学出版会、二〇〇八年）
宮内省編纂『修補殉難録稿』（マツノ書店復刻、二〇〇五年）
宮内省先帝御事蹟取調掛編『孝明天皇紀』全五巻（平安神宮、一九六七〜六九年）
国書刊行会編『官武通紀』第二（国書刊行会、一九一三年）
五條市史調査委員会『五條市史』上・下巻（五條市史刊行会、一九五八年）
西郷隆盛全集編集委員会編『西郷隆盛全集』第一巻（大和書房、一九七六年）
佐伯仲蔵編『梅田雲浜遺稿並伝』（有朋堂書店、一九二九年）
沢宣一編『七卿回天史』（大日本雄弁会講談社、一九四二年）
山東町誌編集委員会編『山東町誌』上巻（山東町、一九八四年）

史談会編『史談会速記録』合本一五（原書房、一九七二年）
下市町史編纂委員会編『大和下市史』（下市町教育委員会、一九五八年）
下関市市史編修委員会校訂『白石正一郎日記』（下関市役所、一九五九年）
瑞山會編『維新土佐勤王史』（マツノ書店復刻、二〇〇四年）
末松謙澄『修訂 防長回天史』全二冊（柏書房、一九八〇年）
太政官編『復古記』第一冊（内外書籍、一九三〇年）
田中光顕『維新風雲回顧録』（大日本雄弁会講談社、一九二八年）
徳富猪一郎『近世日本国民史』五一・大和及生野義挙（近世日本国民史刊行会、一九六二年）
十津川村編『十津川記事』上・中・下（十津川村、一九七七年）
中根雪江『昨夢紀事』第一（日本史籍協会、一九二〇年）
奈良県高市郡役所編『奈良県高市郡志料』（奈良県高市郡役所、一九一五年）
日本史籍協会編『朝彦親王日記』一・二（東京大学出版会、一九六九年）
日本史籍協会編『維新日乗纂輯』二・三（東京大学出版会、一九六九年）
日本史籍協会編『武市瑞山関係文書』一・二（東京大学出版会、一九七二年）
日本史籍協会編『丁卯雑拾録』一（東京大学出版会、一九七二年）
日本史籍協会編『七卿西竄始末』全六巻（東京大学出版会、一九七二〜七四年）
日本史籍協会編『中山忠能日記』一〜三（東京大学出版会、一九七三年）
日本史籍協会編『清河八郎遺著』（東京大学出版会、一九七六年）
日本史籍協会編『木戸孝允文書』二（東京大学出版会、一九八五年）
日本史籍協会編『奇兵隊日記』全四巻（東京大学出版会、一九八六年）
日本史籍協会編『会津藩庁記録』二・三・四（東京大学出版会、二〇一四年）
野村靖『追懐録』（マツノ書店復刻、一九九九年）

馬場文英編『尊王実記』(金田治平、一八九七年)
東久世通禧『竹亭回顧録維新前後』(新人物往来社、一九六九年)
彦根市史編集委員会編『新修彦根市史』第八巻史料編近代一(彦根市、二〇〇三年)
土方久元『回天実記』(新人物往来社、一九六九年)
兵庫県編『振武余光』(兵庫県、一九〇四年)
兵庫県史編集専門委員会編『兵庫県史』史料編幕末維新一(兵庫県、一九九八年)
平尾道雄編『土佐維新史料』日記篇一(高知市民図書館、一九九〇年)
平尾道雄編『土佐維新史料』書翰篇一~三(高知市民図書館、一九九二~九七年)
平野國臣顕彰会編『平野國臣伝記及遺稿』(象山社復刻、一九八〇年)
福田孝・柏村儀作編「文久三癸亥年十月生野義挙一件　掛屋市兵衛手記」(『史料拾遺』第拾八輯所収、生野町史談会、一九五八年)
福本義亮編『久坂玄瑞全集』(マツノ書店復刻、一九九二年)
豊北町史編纂委員会編『豊北町史』二(豊北町、一九九四年)
堀真五郎『傳家録』(マツノ書店復刻、一九九九年)
堀内信編『南紀徳川史』第三巻(名著出版、一九七〇年)
町井鉄之介『台水先生遺文』乾・坤(町井鉄之介、一九一七年)
村田氏寿・佐々木千尋『続再夢紀事』第一・第二(日本史籍協会、一九二一年)
山川浩編述『京都守護職始末』(マツノ書店復刻、二〇〇四年)
渡辺盛衛『有馬新七先生伝記及遺稿』(海外社、一九三一年)
『大久保利通日記』上・下巻(日本史籍協会、一九二七年)
『史料叢書』(下関文書館、一九七三年)
『水戸藩史料』上編坤(吉川弘文館、一九七〇年)

研究書等

秋山英一『伊予西條藩史・小松藩史』(伊予史籍刊行会、一九三一年)
秋山英一『近代日本の夜明け　伊予勤王史』(「近代日本の夜明け」刊行会、一九六八年)
家近良樹『幕末政治と倒幕運動』(吉川弘文館、一九九五年)
伊賀市編『伊賀市史』第五巻資料編近世（伊賀市、二〇一二年)
池田俊彦『島津斉彬公伝』(岩崎育英奨学会、一九八〇年)
石川準吉『生野銀山と生野代官』(日本工業新聞社、一九五九年)
板沢武雄・米林富男共編『原六郎翁伝』上・中・下巻（原邦造、一九三七年)
一坂太郎『久坂玄瑞』(ミネルヴァ書房、二〇一九年)
伊藤幸香「長州藩における文久の改革について――諸隊結成を中心として」(『広島大学大学院教育学研究科紀要』第二部第六二号、二〇一三年)
稲田耕一『木ノ谷に残る勤王志士　美玉・中島両氏の伝記』(山崎町、一九六八年)
宇高浩『真木和泉守』(菊竹金文堂、一九三四年)
正親町季董『天忠組の主将中山忠光』(やまと刊行会、一九三一年)
太田虎一原著、柏村儀作校補『生野史』校補政治編（生野町役場、一九六四年)
岡崎正道「真木和泉の王政維新の思想」(『日本思想史学』第一七号、一九八五年)
岡崎正道「文久期尊攘派の思想と闘争」(『岩手大学人文社会科学部紀要』第六三号、一九九八年)
小河扶希子『平野國臣』(西日本新聞社、二〇〇四年)
刑部芳則『公家たちの幕末維新』(中央公論新社、二〇一八年)
尾崎卓爾『中岡愼太郎先生』(マツノ書店復刻、二〇一〇年)

芳即正『島津斉彬』(吉川弘文館、一九九三年)
木村発『朝来志』(臨川書店、一九八五年)
久保田辰彦『いはゆる天誅組の大和義挙の研究』(大阪毎日新聞社、一九三一年)
熊坂泰忠編『田中河内介父子百五十年祭記念　田中河内介遺墨集』(田中河内介顕彰会、二〇一一年)
西條郷土史研究会『西條人物列伝』(西條郷土史研究会、一九八六年)
佐々木克『大久保利通と明治維新』(吉川弘文館、一九九八年)
佐々木克『幕末政治と薩摩藩』(吉川弘文館、二〇〇四年)
笹部昌利「幕末維新期の「農兵」と軍事動員　鳥取藩領の事例を素材に」(『京都産業大学日本文化研究所紀要』第二一号、二〇一六年)
澤宣一・望月茂『生野義挙と其同志』(マツノ書店復刻、二〇〇二年)
示車右甫『維新の魁筑前勤王党』(海鳥社、二〇二〇年)
宿南保『但馬史』五(神戸新聞出版センター、一九七九年)
仙波ひとみ「「国事御用掛」考」(『日本史研究』五二〇号、二〇〇五年)
添田仁「掛屋の情報蒐集　生野銀山・藤本市兵衛義方の日記から」(『神戸大学大学院人文学研究科地域連携センター年報』四、二〇一二年)
高橋彦之丞「沢宣嘉卿と東予の勤王家」(『東予史談』第四〇・四一号、西條史談会、一九四三年)
高村将太「蕪崎村医三木俊造と沢宣嘉卿」(『宇摩史談』二二号、宇摩史談会、一九八一年)
田中彰『幕末の長州』(中央公論社、一九六五年)
田中稔『田中河内介父子』(小豆島法人会、一九九七年)
筑後史談會『増補　西海忠士小傳』(鶴久二郎復刻、一九八九年)
豊田小八郎『田中河内介』(河州公顕頌臥龍会、一九四一年)
内藤一成『三条実美』(中央公論新社、二〇一九年)

水郡庸皓『天誅組河内勢の研究』（天誅組河内勢顕彰会、一九六六年）
西嶋量三郎『中山忠光暗殺始末』（新人物往来社、一九八三年）
西田正俊『十津川郷』（奈良県吉野郡十津川村役場、一九八五年）
春山育次郎『平野国臣伝』（平凡社、一九二九年）
樋口三郎『実記天誅組始末』（新人物往来社、一九七三年）
平尾道雄『土佐農民一揆史考』（高知市立市民図書館、一九五三年）
平尾道雄『山内容堂』（吉川弘文館、一九六一年）
平尾道雄『土佐藩』（吉川弘文館、一九六五年）
平尾道雄『吉村虎太郎』（土佐史談会復刻、一九八八年）
福地源一郎『幕府衰亡論』（国文館、一九三六年）
藤井豊編『田中綏猷哀悼碑建設録』（田中河内介顕彰会、一九九九年）
藤田覚『幕末の天皇』（講談社、一九九四年）
藤田覚『近世政治史と天皇』（吉川弘文館、一九九九年）
舟久保藍『実録 天誅組の変』（淡交社、二〇一三年）
前嶋雅光『幕末生野義挙の研究』（明石書店、一九九二年）
松尾龍「中山忠光卿の長州弥富村での二十日間——佐藤良文翁聞書」（『山口県地方史研究』第五〇号、山口県地方史学会、一九八三年）
真鍋充観「七卿の一人沢宣嘉をめぐる郷土の先覚者たち」（『郷土研究』第一八四号、新居浜市立図書館、一九七七年）
宮地正人『幕末維新変革史』上・下巻（岩波書店、二〇一八年）
宮部力次『平野国臣』（裳華書房、一八九六年）
武藤正行『勤皇家戸原卯橘』（大日本雄弁会講談社、一九四四年）

森銑三『松本奎堂』（中央公論社、一九七七年）
森下環「中川宮の八月十八日政変参画の素因について」（『皇學館史學』第九号、一九九四年）
保田與重郎『南山踏雲録』（新学社、二〇〇〇年）
山内修一『薩藩維新秘史　葛城彦一伝』（葛城彦一伝編輯所、一九三五年）
山上次郎『尾崎星山伝』（尾崎星山伝刊行会、一九九三年）
山口護国祠人編述『生野義挙と其人物』（山口護国神社、一九四一年）
吉見良三『天誅組紀行』（人文書院、一九九五年）
渡辺知水『藤本鉄石』（藤本鉄石先生顕彰会、一九六二年）
渡辺盛衛『寺田屋事変概要』（寺田屋事変七十年記念会、一九三一年）

天誅組隊士一覧

主な隊士を氏名のアイウエオ順に並べた。伏見挙兵や生野の変のみ参加した者も含む。―は不明を意味する。享年は数え年とした。「参加」の項の「伏見」は伏見挙兵、「天誅組」は天誅組の変、「生野」は生野の変の略記である。

氏名（別名・変名）	役目	出身	死亡日	死因	享年	参加 伏見	参加 天誅組	参加 生野
青木頼母	―	―	文久2年5月2日	播磨灘沖で殺害	―	○		
安積五郎	―	商人（武蔵国）	元治元年2月16日	京都六角獄舎で処刑	37	○	○	
荒巻羊三郎	鎗一番組	藩士（久留米藩）	元治元年2月16日	京都六角獄舎にて処刑	24	○	○	
有馬新七	―	藩士（薩摩藩）	文久2年4月23日	京都寺田屋で討死	38	○		
安藤鉄馬	―	庄屋（美作国）	元治元年7月19日	禁門の変で討死	22			○
池内蔵太	側用人	郷士（土佐藩）	慶応2年5月2日	五島列島沖で海難事故	26		○	
池上隼之助	―	藩士（佐土原藩）	元治元年8月11日	病死	36	○		
池田謙次郎（中村小次郎）	―	藩士（膳所藩）	明治元年閏4月22日	福島県福島市で殺害	25		○	
井沢宜庵	―	医師（大和国）	慶応元年7月28日	京都六角獄で毒殺	43		○	
石川一	小姓頭	藩士（鳥取藩）	元治元年7月20日	京都六角獄舎で処刑	22		○	
井関英太郎	―	藩士（長州藩）	文久3年10月14日	兵庫県妙見山下で自刃	18			○
市川精一郎（三枝蓊）	伍長	僧（大和国）	明治元年3月4日	京都で処刑	29		○	
伊藤三弥	武器取調方	藩士（刈谷藩）	大正6年2月24日	東京の自宅で病死	82		○	
伊藤龍太郎	―	農民（丹波国）	慶応3年11月18日	京都六角獄舎で病没	33			○

伊藤百合五郎（伊藤三郎）	―	（長州藩）	文久3年10月14日	兵庫県妙見山下で自刃	19			○
乾十郎	―	医師（大和国）	元治元年7月20日	京都六角獄舎で処刑	37		○	
伊吹周吉（石田英吉）	伍長	医師（土佐藩）	明治34年4月8日	京都で死亡	63		○	
上田宗児（後藤深造）	鎗一番組長	藩士（土佐藩）	明治元年1月3日	鳥羽伏見の戦いで討死	27		○	
植村定七（上村貞心）	―	―	文久3年9月24日	奈良県東吉野村で討死	―		○	
浦田弁蔵	―	農民（河内国）	明治39年10月2日	―	77		○	
江頭種八	伍長	藩士（久留米藩）	元治元年2月16日	京都六角獄舎で処刑	25		○	
太田六右衛門	周旋方	庄屋（但馬国）	慶応元年4月24日	京都六角獄舎で病死	43			○
大村辰之助	―	―	元治元年7月20日	京都六角獄舎で処刑	―			○
岡見留次郎	―	藩士（水戸藩）	元治元年2月16日	京都六角獄舎で処刑	23		○	
小河吉三郎（大川藤蔵）	軍監	藩士（水戸藩）	文久3年10月14日	兵庫県朝来市で自刃	27			○
小川佐吉（宮田半四郎）	勘定方	藩士（久留米藩）	明治元年3月11日	三田尻で死亡	38		○	
小河一敏	―	藩士（岡藩）	明治19年1月31日	―	74	○		
尾崎健蔵（磯崎寛）	銀奉行	藩士（鳥取藩）	元治元年2月16日	京都六角獄舎で処刑	24		○	
尾崎鋳五郎	小姓頭	藩士（島原藩）	元治元年2月16日	京都六角獄舎で処刑	23		○	
小田村信之進	―	藩士（長州藩）	文久3年10月14日	兵庫県妙見山下で自刃	26			○
小山六郎	―	農民（但馬国）	明治4年12月24日	自刃	38			○
海賀宮門	―	藩士（秋月藩）	文久2年5月7日	宮崎県日向市で殺害	29	○		
片山九市（木村愛之助）	―	庄屋（丹波国）	元治元年7月20日	京都六角獄舎で処刑	37			○
河上弥市（南八郎）	総督	藩士（長州藩）	文久3年10月14日	兵庫県妙見山下で自刃	21			○
川又佐一郎	軍監	藩士（水戸藩）	文久3年	獄中で病死	47			○
木曽源太郎（旭健）	議衆	藩士（熊本藩）	大正7年	―	80			○
北垣晋太郎（北垣国道）	―	庄屋（但馬国）	大正5年1月16日	―	82			○

天誅組隊士一覧

木村楠馬	小荷駄方下役	(土佐藩)	元治元年7月20日	京都六角獄舎で処刑	24		○	
清河八郎	—	郷士(庄内藩)	文久3年4月13日	江戸で暗殺	34	○		
楠目清馬	砲一番組	藩士(土佐藩)	文久3年9月28日	奈良県桜井市で討死	22		○	
黒田与一郎	農兵徴集方	庄屋(但馬国)	慶応2年12月19日	獄中死	33			○
古賀簡二(井村簡二)	—	郷士(柳河藩)	文久2年6月18日	病死	23	○		
古東領左衛門	—	庄屋(淡路国)	元治元年7月20日	京都六角獄舎で処刑	46		○	
酒井伝次郎	監察	藩士(久留米藩)	元治元年2月16日	京都六角獄舎で処刑	27	○	○	
鯖江伝左衛門	—	庄屋(但馬国)	—	—	48			○
沢宣嘉(姉小路五郎丸)	総帥	公家(京都)	明治6年9月27日	病死	39			○
沢村幸吉	砲一番組	藩士(土佐藩)	元治元年2月16日	京都六角獄舎で処刑	22		○	
宍戸弥四郎	合図掛	藩士(刈谷藩)	文久3年9月24日	奈良県東吉野村で討死	31		○	
柴山愛次郎	—	藩士(薩摩藩)	文久2年4月23日	京都寺田屋で討死	27	○		
渋谷伊予作	小姓頭	藩士(下館藩)	元治元年2月16日	京都六角獄舎で処刑	23		○	
島浪間(長宗我部四郎)	砲一番組	藩士(土佐藩)	慶応元年2月22日	岡山県美作市で自刃	23		○	
島村省吾	伍長	藩士(土佐藩)	元治元年2月16日	京都六角獄舎で処刑	20		○	
下瀬熊之進(下瀬猛彦)	—	(長州藩)	文久3年10月14日	兵庫県妙見山下で自刃	21			○
白石廉作	—	商人(長州藩)	文久3年10月14日	兵庫県妙見山下で自刃	36			○
進藤俊三郎(原六郎)	—	農民(但馬国)	昭和8年11月14日	—	92			○
関為之進	—	(大和国)	文久3年9月26日	桜井市慈恩寺で討死	—		○	
関口泰次郎	—	藩士(水戸藩)	慶応元年10月4日	病死	18			○
仙田淡三郎	—	藩士(福岡藩)	元治元年4月28日	山口県三田尻で病死	27			○
田岡俊三郎	総裁側役	藩士(伊予小松藩)	元治元年7月19日	禁門の変で討死	36			○
高橋甲太郎(橋本将監)	使番	藩士(出石藩)	慶応3年3月3日	幕長戦争で重傷、死亡	44			○

竹志田熊雄	伍長	神職(肥後国)	文久3年9月16日	奈良県十津川村で病死	21	○	○	
武林八郎	—	農民(河内国)	元治元年7月19日	禁門の変で討死	26		○	
多田弥太郎	節制方	藩士(出石藩)	元治元年2月28日	兵庫県浅間峠で殺害	39			○
田所騰次郎	砲一番組	藩士(土佐藩)	元治元年2月16日	京都六角獄舎で処刑	24		○	
田中河内介	—	公家家臣(但馬国)	文久2年5月1日	播磨灘沖で殺害	48	○		
田中楠之助	砲一番組	庄屋(河内国)	元治元年7月20日	京都六角獄舎で処刑	22		○	
田中軍太郎(秋山虎之助)	—	藩士(広島藩)	慶応2年1月17日	獄中で毒殺	25			○
田中謙助	—	藩士(薩摩藩)	文久2年4月24日	薩摩藩邸で切腹	35	○		
田中瑳磨介	—	(京都)	文久2年5月1日	播磨灘沖で殺害	18	○		
田中主馬蔵	—	十津川郷士	慶応2年12月9日	和歌山県田辺市で病死	35		○	
千葉郁太郎	—	(但馬国)	文久2年5月7日	宮崎県日向市で殺害	18	○		
中条右京	周旋方	藩士(出石藩)	文久3年10月14日	兵庫県神河町で討死	21			○
長曽我部太七郎	農兵徴集方	藩士(徳島藩)	文久3年10月14日	兵庫県神河町で討死	18			○
辻幾之助	執筆方	商人(河内国)	元治元年7月20日	京都六角獄舎で処刑	27		○	
鶴田陶司	伍長	藩士(久留米藩)	元治元年2月16日	京都六角獄舎で処刑	25	○	○	
弟子丸龍助	—	藩士(薩摩藩)	文久2年4月23日	京都寺田屋で討死	25	○		
土居佐之助	鎗一番組	藩士(土佐藩)	元治元年2月16日	京都六角獄舎で処刑	24		○	
東条昇之助	—	商人(河内国)	明治2年7月4日	病死	43		○	
戸原卯橘	議衆	藩士(秋月藩)	文久3年10月14日	兵庫県妙見山下で自刃	29			○
富田孟次郎	—	藩士(佐土原藩)	—	—	—	○		
伴林光平	記録方	僧(河内国)	元治元年2月16日	京都六角獄舎で処刑	52		○	
中垣健太郎	伍長	藩士(久留米藩)	元治元年2月16日	京都六角獄舎で処刑	24	○	○	
中島太郎兵衛	節制方	庄屋(但馬国)	文久3年10月14日	兵庫県宍粟市で自刃	39			○

長野一郎(吉井儀三)	伍長	医師(河内国)	元治元年2月16日	京都六角獄舎で処刑	28		○	
長野熊之丞	―	藩士(長州藩)	文久3年10月14日	兵庫県妙見山下で自刃	22			○
中村主計	―	藩士(島原藩)	文久2年5月7日	宮崎県日向市で殺害	18	○		
中村徳治郎	―	商人(河内国)	大正6年11月14日	病死	79		○	
中山忠光(森俊斎)	主将	公家(京都)	元治元年11月8日	山口県下関市で暗殺	20		○	
那須信吾	監察	郷士(土佐藩)	文久3年9月24日	奈良県東吉野村で討死	35		○	
鍋島米之助	砲一番組	藩士(土佐藩)	文久3年9月25日	奈良県東吉野村で討死	24		○	
鳴川清三郎	兵糧方	庄屋(河内国)	明治20年7月23日	郷里で死亡	63		○	
水郡英太郎	伍長	(河内国)	明治43年7月18日	大阪府堺市で病死	59		○	
水郡善之祐	小荷駄奉行	代官(河内国)	元治元年7月20日	京都六角獄舎で処刑	39		○	
西田直五郎	―	藩士(薩摩藩)	文久2年4月23日	京都寺田屋で討死	25	○		
西村清太郎	―	藩士(長州藩)	文久3年10月14日	兵庫県妙見山下で自刃	18			○
西村哲二郎	―	(但馬国)	慶応2年7月27日	幕長戦争中に自刃	23			○
野崎主計	―	十津川郷士	文久3年9月24日	奈良県十津川村で自刃	40		○	
橋口壮介	―	藩士(薩摩藩)	文久2年4月23日	京都寺田屋で討死	22	○		
橋口伝蔵	―	藩士(薩摩藩)	文久2年4月23日	京都寺田屋で討死	32	○		
橋本若狭	―	神職(大和国)	慶応元年6月4日	京都六角獄舎で処刑	44		○	
秦将蔵(北辻良蔵)	―	代官(河内国)	文久3年9月29日	奈良県桜井市で討死	36		○	
林豹吉郎	兵糧方	町人(大和国)	文久3年9月24日	奈良県東吉野村で討死	47		○	
原道太	―	藩士(久留米藩)	元治元年7月19日	禁門の変で自刃	27	○		
原田亀太郎(原田一作)	伍長	商人(備中国)	元治元年7月20日	京都六角獄舎で処刑	27		○	
半田門吉	砲一番組長	藩士(久留米藩)	元治元年7月19日	禁門の変で討死	31		○	
久富豊(久留惣介)	―	藩士(長州藩)	文久3年10月14日	兵庫県妙見山下で自刃	20			○

肥田左衛門	―	―	文久3年10月14日	兵庫県妙見山下で自刃	―			○
平岡鳩平(北畠治房)	勘定方	商人(大和国)	大正10年5月4日	奈良県斑鳩町で死亡	89		○	
平野国臣	総督	藩士(福岡藩)	元治元年7月20日	京都六角獄舎で処刑	37	○		○
深瀬繁理	―	十津川郷士	文久3年9月25日	奈良県上北山村で処刑	37		○	
福浦元吉	兵糧方下役	商人(淡路国)	文久3年9月25日	奈良県東吉野村で討死	35		○	
藤四郎	録事	藩士(福岡藩)	明治7年11月3日	病死	47			○
藤本鉄石	総裁	藩士(岡山藩)	文久3年9月25日	奈良県東吉野村で討死	48	○	○	
淵上謙三	―	農民(筑後国)	慶応2年11月10日	福岡県太宰府で自刃	25	○		
保母健	伍長	藩士(島原藩)	元治元年7月20日	京都六角獄舎で処刑	23		○	
堀六郎	節制方	藩士(福岡藩)	慶応2年7月9日	玄海島で処刑	33			○
本多素行(本多小太郎)	―	藩士(膳所藩)	元治元年7月20日	京都六角獄舎で処刑	45			○
本間精一郎	―	郷士(越後国)	文久2年閏8月20日	京都で暗殺	29	○		
前木鈷次郎	―	藩士(水戸藩)	―	―	17			○
前田繁馬	小荷駄方	庄屋(土佐藩)	文久3年9月26日	奈良県桜井市で討死	26		○	
真木和泉	―	藩士(久留米藩)	元治元年7月21日	天王山で自刃	52	○		
真木菊四郎	―	藩士(久留米藩)	慶応元年2月14日	山口県下関市で暗殺	23	○		
松本奎堂	総裁	藩士(刈谷藩)	文久3年9月25日	奈良県東吉野村で討死	33		○	
美玉三平	節制方	藩士(薩摩藩)	文久3年10月14日	兵庫県宍粟市で討死	42	○		○
宮地宜蔵	―	庄屋(土佐藩)	文久3年7月28日	京都で病死	26	○		
村上万吉	―	―	文久3年9月25日	奈良県東吉野村で討死	―		○	
森源蔵	総裁側役	藩士(徳島藩)	―	―	―			○
森下幾馬	伍長	郷士(土佐藩)	文久3年9月28日	奈良県東吉野村で討死	30		○	
森下儀之助	合図掛	郷士(土佐藩)	元治元年2月16日	京都六角獄舎で処刑	34		○	

森本伝兵衛	小荷駄方	農民（河内国）	元治元年7月20日	京都六角獄舎で処刑	30		○	
森山新五左衛門	―	商人（薩摩国）	文久2年4月24日	薩摩藩邸で切腹	20	○		
安岡斧太郎	砲一番組	庄屋（土佐藩）	元治元年2月16日	京都六角獄舎で処刑	26		○	
安岡嘉助	武器取調方	郷士（土佐藩）	元治元年2月16日	京都六角獄舎で処刑	29		○	
安田鉄蔵（山下佐吉）	―	藩士（高取藩）	文久3年9月27日	奈良県東吉野村で討死	―		○	
山口松蔵	小荷駄方下役	（久留米藩）	―	―	―		○	
山本四郎	―	藩士（薩摩藩）	文久2年4月27日	薩摩藩邸で自刃	40	○		
横田友次郎	議衆	町人（因幡国）	元治元年7月20日	京都六角獄舎で処刑	31			○
吉井定七（吉井義之）	―	商人（但馬国）	明治25年9月	―	67			○
吉田重蔵	監察	郷士（福岡藩）	元治元年7月20日	京都六角獄舎で処刑	34		○	
吉武助左衛門	―	郷士（久留米藩）	明治39年12月26日	―	83	○		
吉村虎太郎	総裁	庄屋（土佐藩）	文久3年9月27日	奈良県東吉野村で討死	27	○	○	
和田小伝次	―	藩士（長州藩）	文久3年10月14日	兵庫県妙見山下で自刃	29			○
和田佐市	伍長	農民（河内国）	文久3年9月21日	奈良県十津川村で討死	36		○	

幕末史略年表

和暦（西暦）	事項
嘉永六年（一八五三）	アメリカのペリー提督、浦賀に来航。将軍徳川家慶没。家定、将軍となる。
安政元年（一八五四）	日米和親条約を締結（その後、イギリス・ロシア・オランダとも類似の条約を結ぶ）。
安政五年（一八五八）	老中堀田正睦、条約調印の勅許を求めるが、朝廷は条約調印の不可を回答。井伊直弼、大老となる。日米修好通商条約に調印（その後、オランダ・ロシア・イギリス・フランスとも類似の条約）。一橋慶喜・徳川斉昭ら不時登城し、条約調印の不可を議論する。徳川家定没。家茂、将軍となる。薩摩藩主島津斉彬没。幕政改革を指示する「戊午の密勅」が水戸藩に下される。元小浜藩士梅田雲浜ら、逮捕・投獄される（安政の大獄始まる）。
安政六年（一八五九）	幕府、近衛忠熙・鷹司輔熙・一条忠香、青蓮院宮（のちの中川宮）らを処罰させる。幕府、徳川斉昭・一橋慶喜らを処罰。
万延元年（一八六〇）	井伊直弼、暗殺される（桜田門外の変）。前水戸藩主徳川斉昭没。
文久元年（一八六一）	長州藩、公武合体と積極開国を説いた航海遠略策を藩是として朝廷に陳述。土佐藩士武市瑞山ら、土佐勤王党を結成。
文久二年（一八六二）	老中安藤信正、坂下門外で襲撃され負傷（坂下門外の変）。皇女和宮、降嫁される。薩摩藩の島津久光、率兵し上京。尊攘派の薩摩藩士や九州の志士が京都伏見で討幕挙兵を企てる。久光、挙兵を企てた藩士を弾圧（寺田屋事件）。幕府、一橋慶喜を

	将軍後見職に、前福井藩主松平春嶽を政事総裁職に任じる。薩摩藩士が横浜生麦村でイギリス人を殺傷（生麦事件）。長州藩、藩是を尊王攘夷に転換。幕府、会津藩主松平容保を京都守護職に任じる。朝廷、攘夷実行の勅旨を幕府に伝達。
文久三年（一八六三）	将軍家茂が上京（同年、江戸に帰還）。幕府、攘夷期限を五月十日と決定。長州藩、関門海峡を通航中のアメリカ船を砲撃。長州藩士高杉晋作、奇兵隊を結成。イギリス艦隊、鹿児島を攻撃（薩英戦争）。朝廷、攘夷親征の大和行幸を決定。土佐藩脱藩吉村虎太郎ら、天誅組を結成し大和の五條代官所を占拠（天誅組の変始まる）。大和行幸が中止され、長州藩勢力や尊攘派公家が京都を追われる（八月十八日の政変）。天誅組、幕府軍と一カ月余り戦い、敗れて壊滅。福岡藩士平野国臣ら、但馬の生野で討幕挙兵するが三日で瓦解（生野の変）。
元治元年（一八六四）	水戸藩の尊攘派志士、筑波山に挙兵（天狗党の乱）。長州藩、京都で挙兵するも薩摩・会津両藩に敗れる（禁門の変）。幕府、長州征討を命じる（第一次幕長戦争始まる）。イギリス・フランス・オランダ・アメリカの四国艦隊が下関を砲撃。
慶応二年（一八六六）	薩長同盟成立。幕府、長州征討を宣言（第二次幕長戦争）。徳川家茂没。一橋慶喜、将軍となる。長州征討中止。孝明天皇崩御。
慶応三年（一八六七）	明治天皇践祚。将軍徳川慶喜、政権を朝廷に返上（大政奉還）。岩倉具視ら、王政復古の大号令を発して新政府を樹立。
明治元年（一八六八）	旧幕府軍、京都郊外で新政府軍に敗れる（鳥羽・伏見の戦い）。戊辰戦争始まる。西郷隆盛と勝海舟、江戸開城を交渉。五箇条の御誓文を発布。江戸を東京と改称。明治と改元。

地図作成　ケー・アイ・プランニング

舟久保 藍（ふなくぼ・あい）

1972年（昭和47年）生まれ．奈良県出身．幕末史の研究，執筆に取り組む．2013年，天誅組研究で第２回奈良日賞（奈良日日新聞社）を受賞．同年実施された天誅組大和義挙150年記念事業に参画し，同事業実行委員会特別委員を務めた．
著書『実録 天誅組の変』（淡交社）
『刈谷藩』（現代書館）
『天誅組――その道を巡る』（京阪奈情報教育出版）
ほか

天誅組《てんちゅうぐみ》の変《へん》
中公新書 *2739*

2023年２月25日発行

著　者　舟久保　藍
発行者　安部順一

本文印刷　三晃印刷
カバー印刷　大熊整美堂
製　本　小泉製本

発行所　中央公論新社
〒100-8152
東京都千代田区大手町 1-7-1
電話　販売 03-5299-1730
　　　編集 03-5299-1830
URL https://www.chuko.co.jp/

Published by CHUOKORON-SHINSHA, INC.
Printed in Japan　ISBN978-4-12-102739-9 C1221